사고력 수학

노크

B4
(9~10세)

해결전략

이 책을 보시는 부모님들께

머리가 좋아야 수학을 잘 한다는 말이 있습니다. 또, 수학을 잘 못하는 아이는 아빠, 엄마의 머리를 물려받아서 그렇다는 등의 난데없는 유전자 논쟁이 벌어지기도 합니다. 하지만 많은 사람들의 일반적인 생각과는 달리 이는 근거없는 이야기입니다. 외국의 한 연구 기관에서 언어, 사회, 수학, 과학의 네 가지 분야 중 어떤 것이 아동의 선천적 재능에 영향을 받는지 조사한 연구 결과를 발표했는데 일반적인 예상과는 다르게 선천적 재능에 영향을 받는 순서는 사회, 언어, 과학, 수학 순이었습니다. 다시 말해, 수학은 여러 학문 분야 중 선천적인 재능보다는 후천적인 환경이나 교육자, 학습자의 노력에 가장 큰 영향을 받는 학문이라 볼 수 있습니다. 수학의 가장 기본이 되는 '수 영역'의 예를 들어 보겠습니다. 아이들이 수를 처음 접하는 시기의 차이는 있지만 실제 수에 대한 감각과 수를 다루는 연습은 생활 속에서의 체험이나 다양한 활동, 학습 속에서 이루어집니다. 즉, 수학의 가장 기본이 되는 수는 선천적으로 가진 재능과는 거의 연관이 없으며 자라나면서 어떤 환경에 놓이는지, 얼마나 많이 수를 생각할 수 있는 기회가 있는지, 나이에 맞는 올바른 학습을 만날 수 있는지에 좌우됩니다. 그러므로 아이의 수학적 발달에 문제가 있다면, 그 아이가 누구를 닮아서 그런지, 지능이 떨어지는지를 따질 것이 아니라 수학적 힘을 기를 수 있는 학습 환경을 어떻게 만들어줄 것인가를 고민해야 합니다.

국제영재교육연구소의 랜즐리 소장은 영재의 기준을 마련하기 위해 여러 연구를 시행한 결과, 영재의 공통적인 특징들을 발견하였습니다. 첫째는 115 이상의 지능지수(IQ), 둘째는 창의력(Creativity), 셋째는 동기적 요소라고 부르는 끈질긴 근성과 과제집착력이었습니다. 이들 세 가지 요소 역시 선천적으로 타고 나는 부분도 물론 있겠지만 대부분 후천적인 학습이나 교육 활동을 통해 기를 수 있는 능력이라는 데에 이의를 제기하기는 힘듭니다.

이처럼 수학적 능력은 후천적 학습 환경에 주로 좌우되며, 특히 어린 시절에는 그러한 경향이 더더욱 두드러집니다. 하지만 우리의 아이들을 둘러싼 수학적 환경을 다시 한 번 돌아봅시다. 초등학교를 들어가기 전부터 과도한 학습량과 무의미한 반복 활동, 이후의 수학 학습에 오히려 방해가 될 정도로 무리한 선행 학습 등의 환경은 아이의 수학적 힘을 길러주기보다는 수학에서 가장 중요한 창의적 사고력을 기를 수 있는 기회를 박탈함과 동시에 수학에 대한 흥미를 급속하게 떨어뜨리게 하여 수학으로 문제를 해결하려는 의지, 즉 수학적 동기를 스스로에게 부여하는 것을 불가능하게 만들어 버립니다. 중요한 것은 남들보다 먼저, 그리고 더 많이 수학적 지식을 머리 속에 주입하는 것이 아니라 태어나서부터 누구나 가지고 있는 수학에 대한 관심, 그리고 수학으로 생각하는 힘을 일깨워주는 것입니다.

수학을 잘할 수 있는 힘, 수학적 잠재력은 이미 여러분 아이들의 머릿 속에 줄곧 있어왔습니다. 단지 어떤 아이는 그것을 찾아내어 드러낼 수 있었고, 어떤 아이는 꼭꼭 숨긴 채 평생 드러나지 않을 뿐입니다. 이러한 수학적 잠재력에 대한 참신한 자극 – 생각을 두드리는 '노크'를 제안하려 합니다. '노크'는 수학적 지식과 스킬만을 무리하게 밀어넣지 않습니다. 왜 수학을 해야 하고, 어떻게 수학으로 가능한지 끊임없이 스스로 생각하게하는 계기로서의 활동이 되려 합니다. 일상으로부터 괴리된 학문으로서의 수학이 아닌, 삶을 살아가며 반드시 키워야 할 논리적, 합리적 사고력을 기를 수 있는 누구에게나 가장 중요한 경쟁력으로서의 수학을 주장합니다. '노크'야말로 새로운 수학 학습의 길을 보여주는 방향타가 될 것입니다.

한 현 조

똑!똑! 사고력 수학
노크의 구성

시작 : 생각열기

사고력 수학 주제에 맞는 수학적 상황, 수학사, 생활 속 수학 이야기 등의 자유로운 형식으로 흥미를 유발하고, 수학적 사고를 자극하는 주제별 프롤로그

노크 포인트

문제 해결의 핵심적 원리를 '콕!' 집어서 간결하게 요약한 사고력 수학 주제별 포인트

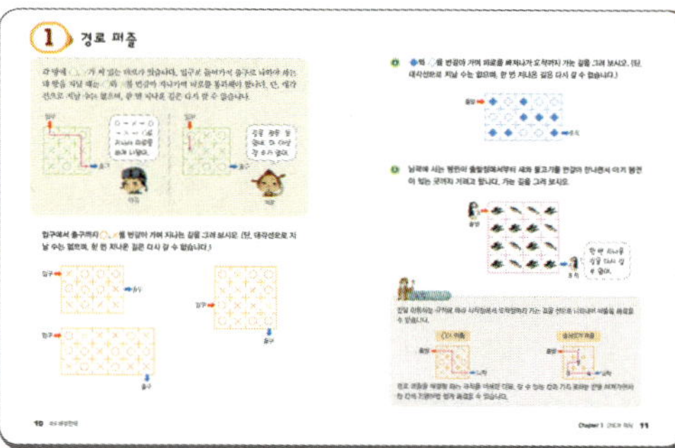

전개 : 유형 탐구

사고력 수학의 대표 유형을 노크만의 새로운 방법으로 차근차근 한 단계씩 익히고 해결하는 단계적 유형 탐구와 이를 통해 익힌 방법적 원리를 적용, 확장하는 확인 문항

수학 요정들의 친절한 충고와 꼬마 요괴들의 밉살스럽지만 유용한 조언으로 어려운 발전 문항의 해결을 돕는 문제 해결 도우미 박스

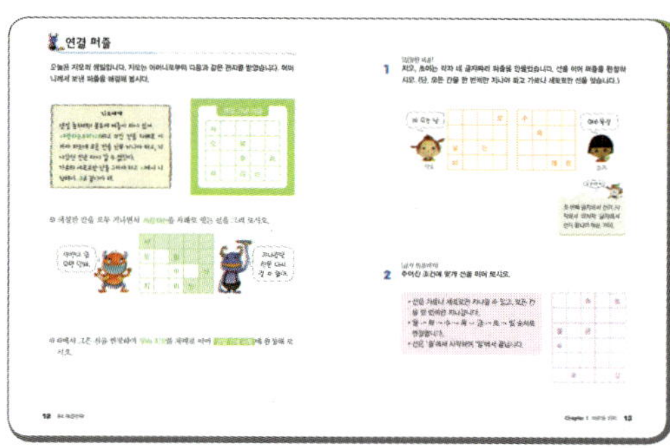

발전 : 창의적 문제해결력

3개의 사고력 수학 주제를 갈무리하는, 한 차원 높은 창의력과 복합적인 사고력을 요구하는 발전 문항의 끝판왕

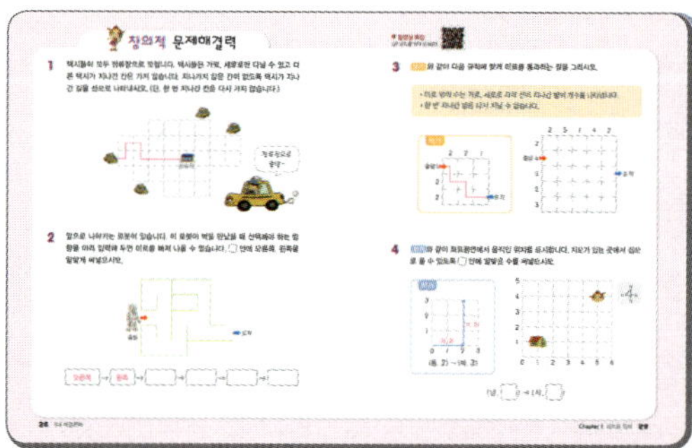

마무리 : 정답 및 해설

본문에 그대로 첨삭된 정답과 간략한 풀이 과정을 통한 사고력 수학 활동 피드백으로 마무리

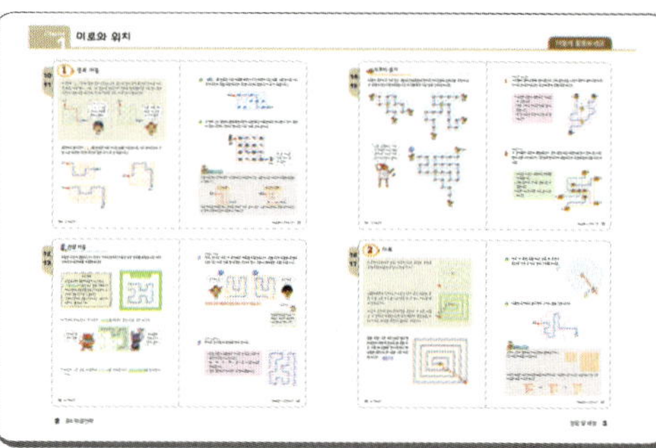

캐릭터 소개

지식을 되찾기 위해 노크랜드로 떠난 모험가 친구들

태경
활동파 리더

지오
호기심 공주

초이
조용한 전략가

아인
꼬마 천재

마법사 멀린과 수학 요정

마법사 멀린

노크랜드의 지식의 수호자. 지식을 파괴하려는 대마왕의 음모에 맞서 모험을 떠난 친구들의 든든한 조력자.

아르키메데스

페르마

플라톤

파스칼

피타고라스

가우스

유클리드

오일러

대마왕과 꼬마 요괴

대마왕

노크랜드의 지식의 파괴자. 세계를 차지하기 위해 모든 지식을 없애버리려고 하는 요괴들의 두목.

딴소리

한입

장난

딴짓

멍하니

잠만자

울보

거꾸로

이 책의 차례

Chapter 1 미로와 위치

Chapter 2 해결 전략

Chapter 3 동전과 성냥개비

Chapter 4 논리와 재치 문제

미로와 위치

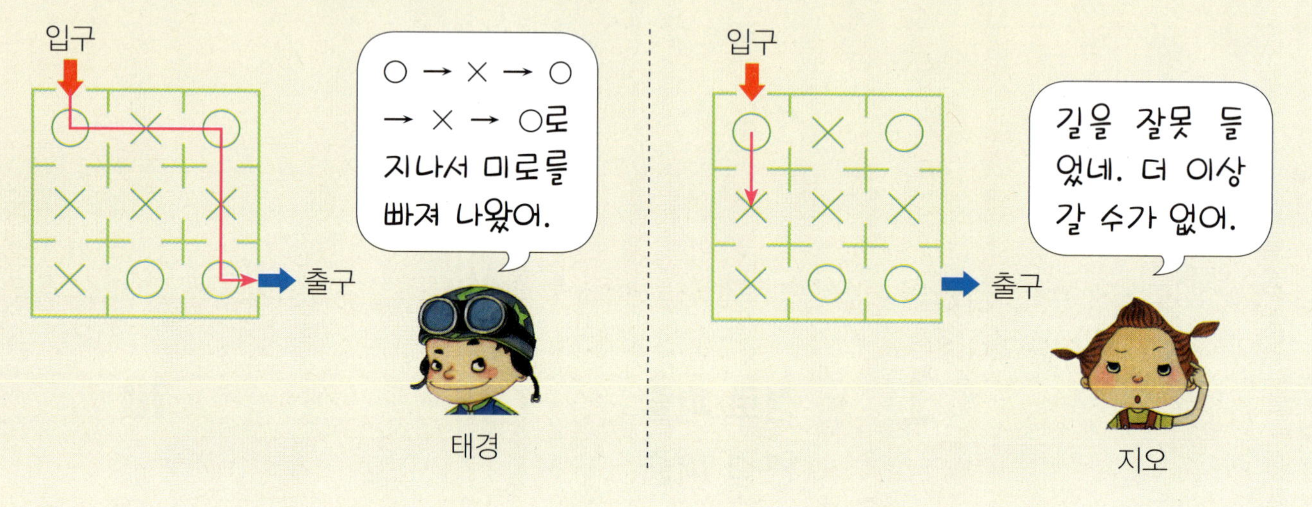

각 방에 ○, ×가 써 있는 미로가 있습니다. 입구로 들어가서 출구로 나와야 하는데 방을 지날 때는 ○와 ×를 번갈아 지나가며 미로를 통과해야 합니다. 단, 대각선으로 지날 수는 없으며, 한 번 지나온 길은 다시 갈 수 없습니다.

입구에서 출구까지 ○, ×를 번갈아 가며 지나는 길을 그려 보시오. (단, 대각선으로 지날 수는 없으며, 한 번 지나온 길은 다시 갈 수 없습니다.)

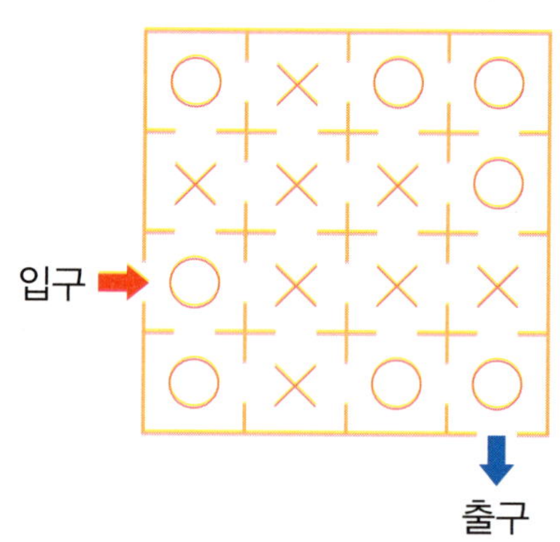

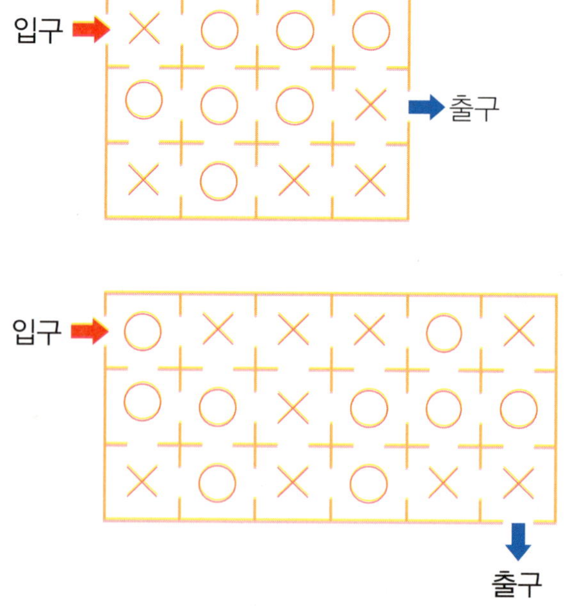

◉ ◆와 ◇를 번갈아 가며 미로를 빠져나가 도착까지 가는 길을 그려 보시오. (단, 대각선으로 지날 수는 없으며, 한 번 지나온 길은 다시 갈 수 없습니다.)

◉ 남극에 사는 펭귄이 출발점에서부터 새와 물고기를 번갈아 만나면서 아기 펭귄이 있는 곳까지 가려고 합니다. 가는 길을 그려 보시오.

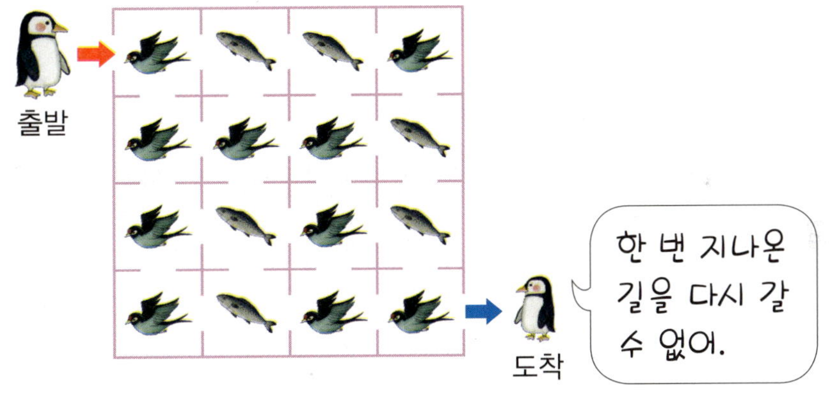

칸을 이동하는 규칙에 따라 시작점에서 도착점까지 가는 길을 선으로 나타내어 퍼즐을 해결할 수 있습니다.

경로 퍼즐을 해결할 때는 규칙을 이해한 다음, 갈 수 있는 칸과 가지 못하는 칸을 따져가면서 한 칸씩 진행하면 쉽게 해결할 수 있습니다.

연결 퍼즐

오늘은 지오의 생일입니다. 지오는 어머니로부터 다음과 같은 편지를 받았습니다. 어머니께서 보낸 퍼즐을 해결해 봅시다.

지오에게

생일 축하해!! 봉투에 퍼즐이 하나 있어. 사랑하는우리지오라고 쓰인 칸을 차례로 이어야 하는데 모든 칸을 전부 지나야 하고, 지나갔던 칸은 다시 갈 수 없단다. 가로와 세로로만 선을 그어야 하고 사에서 시작해서 오로 끝나야 해.

생일 기념 퍼즐

사			
오		랑	
		우	하
지		리	는

❶ 색칠한 칸을 모두 지나면서 사랑하는을 차례로 잇는 선을 그려 보시오.

사			
오		랑	
		우	하
지		리	는

❷ ❶에서 그은 선을 연장하여 우리 지오를 차례로 이어 생일 기념 퍼즐 에 완성해 보시오.

1 지오, 초이는 각자 네 글자짜리 퍼즐을 만들었습니다. 선을 이어 퍼즐을 완성하시오. (단, 모든 칸을 한 번씩만 지나야 하고 가로나 세로로만 선을 잇습니다.)

첫 번째 글자에서 선이 시작해서 마지막 글자에서 선이 끝나야 하는 거야.

2 주어진 조건에 맞게 선을 이어 보시오.

- 선은 가로나 세로로만 지나갈 수 있고, 모든 칸을 한 번씩만 지나갑니다.
- 월 → 화 → 수 → 목 → 금 → 토 → 일 순서로 연결합니다.
- 선은 '월'에서 시작하여 '일'에서 끝납니다.

		화	토
월		금	
수			
	목		일

도토리 줍기

다람쥐 3마리가 가로 또는 세로로 이동하면서 주어진 개수만큼의 도토리를 주워서 나무 밑에서 만나기로 하였습니다. 세 다람쥐가 가는 길을 나타내 보시오.

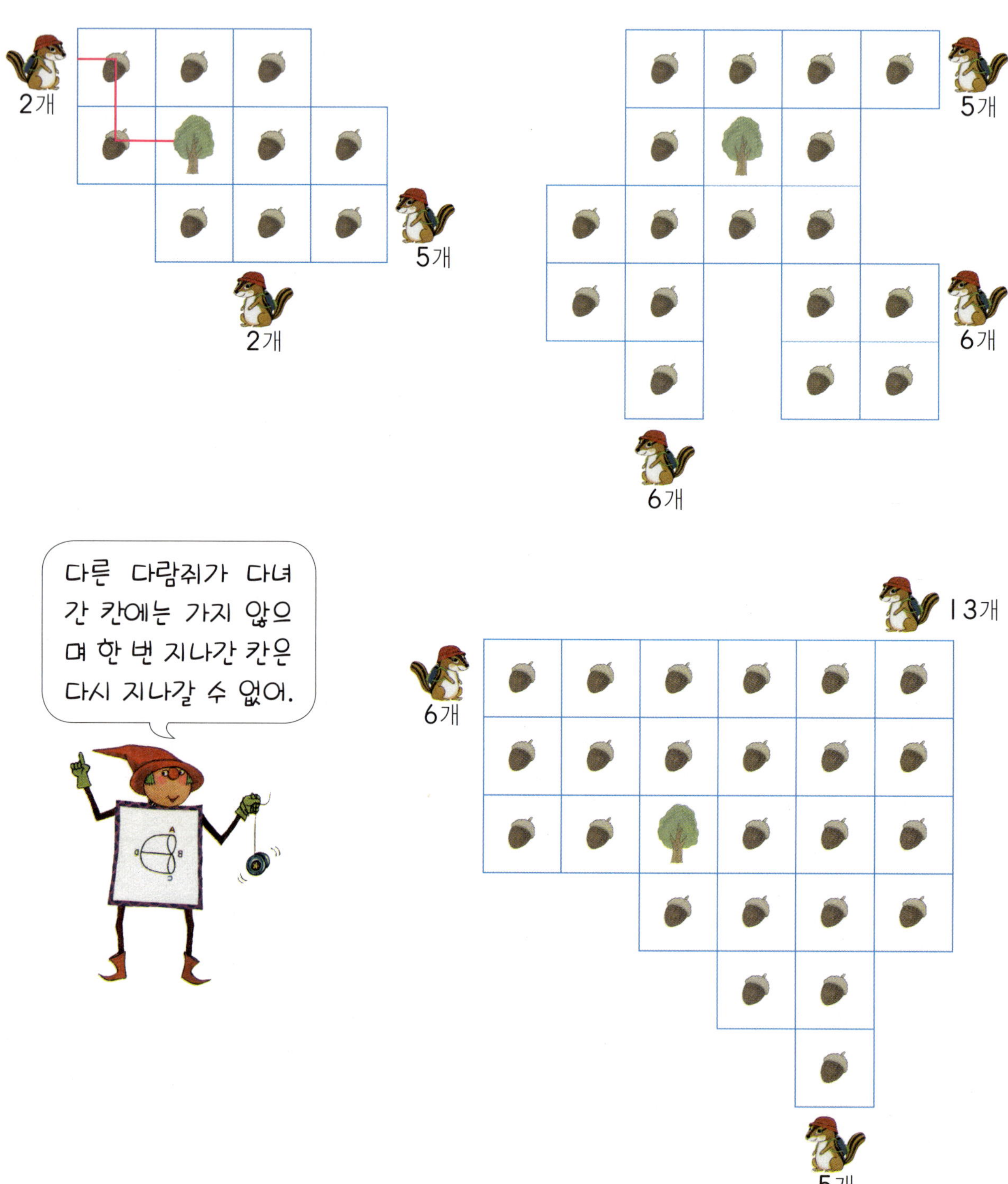

1 나비들이 날아서 꽃을 찾아갑니다. 나비 옆의 수는 나비가 꽃까지 날아가면서 지나가는 칸의 수입니다. 조건에 맞게 선을 이어 보시오.

- 나비는 가로나 세로로만 지나갈 수 있습니다.
- 다른 나비가 지나간 칸은 갈 수 없습니다.
- 한 번 지나간 칸은 다시 갈 수 없습니다.

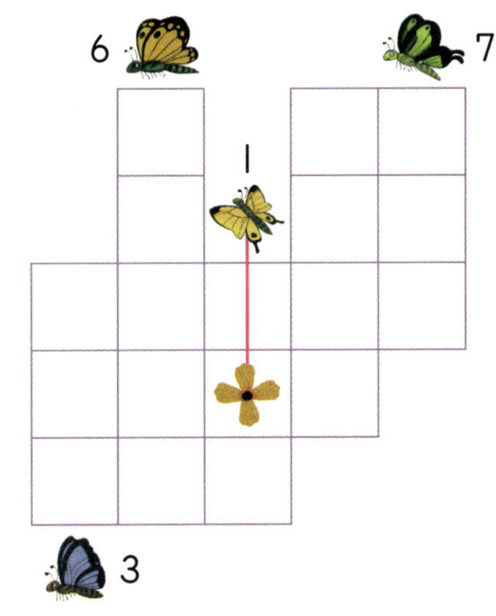

2 각 상자들이 집으로 배달됩니다. 상자 옆의 수는 목적지로 가기 위해 지나가는 칸의 수를 나타냅니다. 한 집에 한 상자씩 배달되도록 조건에 맞게 선을 이어 보시오.

- 상자는 가로나 세로로만 배달할 수 있습니다.
- 다른 상자가 지나간 칸은 갈 수 없습니다.
- 한 번 지나간 칸은 다시 갈 수 없습니다.

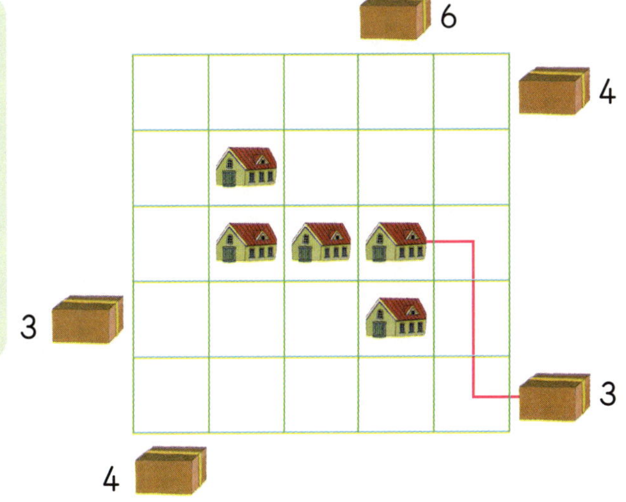

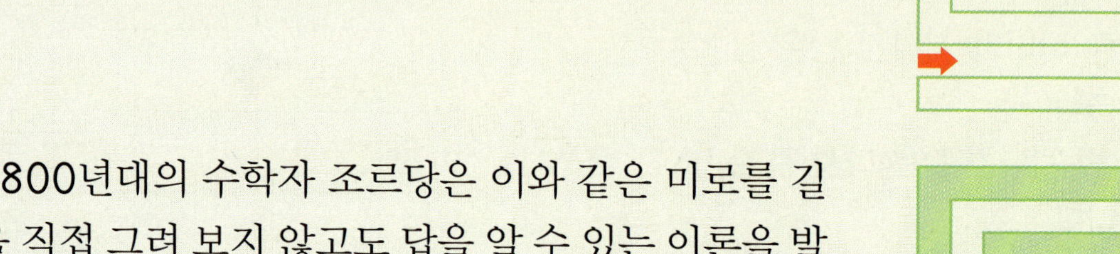

오른쪽 미로에서 선을 지나지 않고 화살표 방향을 따라가면 보물을 만날 수 있을까요?

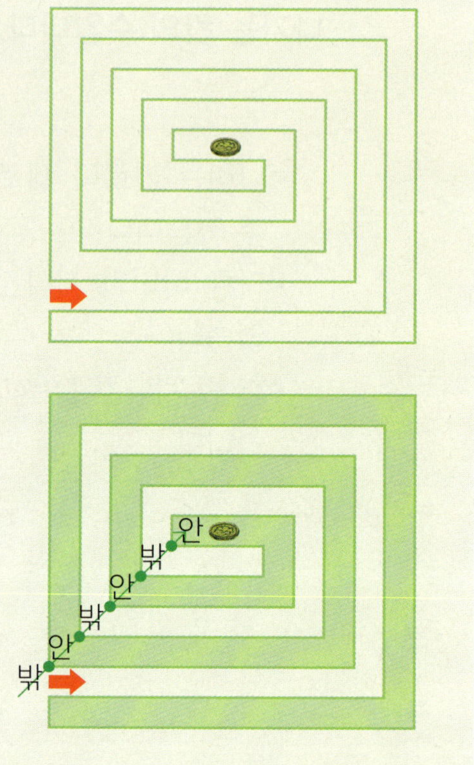

1800년대의 수학자 조르당은 이와 같은 미로를 길을 직접 그려 보지 않고도 답을 알 수 있는 이론을 발표하였습니다.

오른쪽 그림과 같이 밖과 안을 번갈아 써 보면 보물은 선 안쪽의 색칠된 곳에 있기 때문에 화살표를 따라 가서는 보물을 만날 수 없다는 것입니다.

길을 직접 그려 보지 않고 빨간색 화살표와 파란색 화살표 중 길을 따라 갔을 때 보물을 만나게 되는 화살표를 찾아 쓴 후, 길을 그려 확인해 보시오.

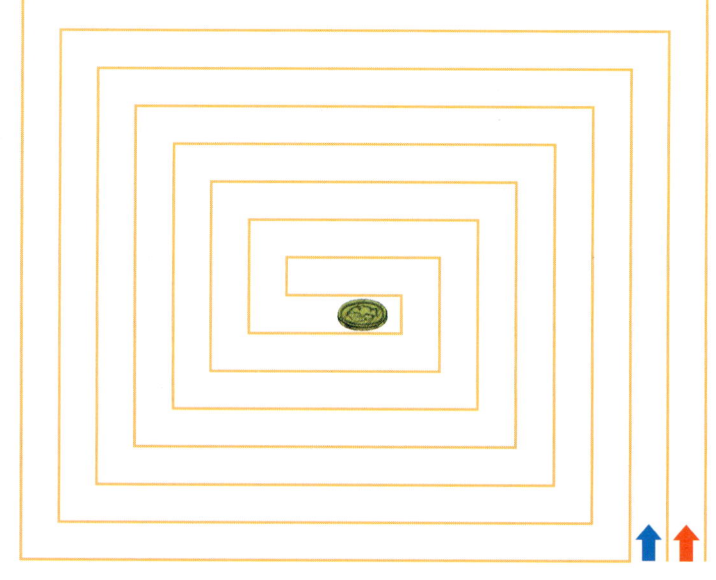

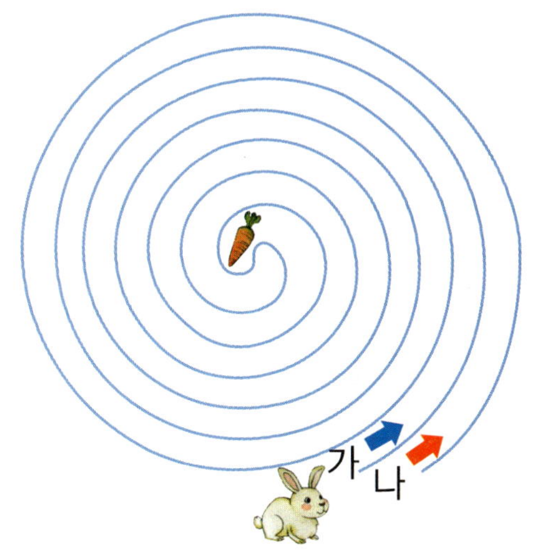

가와 나 중에 길을 따라 갔을 때 토끼가 당근을 가질 수 있는 길의 기호를 쓰시오.

구름의 입구부터 출구까지 나가는 길을 그려 보시오.

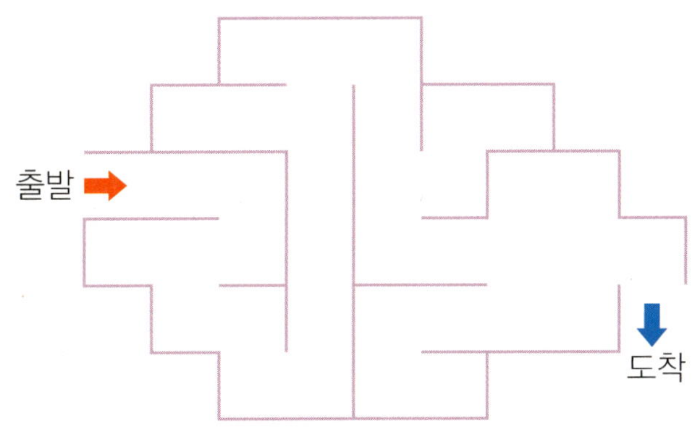

노크 포인트

미로는 간단한 형태부터 아주 복잡한 형태까지 주변에서 흔하게 접할 수 있습니다.

아무리 복잡한 미로 형태라도 출발 지점부터 목표 지점까지 여러 번 하다 보면 결국 가장 가까운 길을 찾을 수 있게 됩니다.

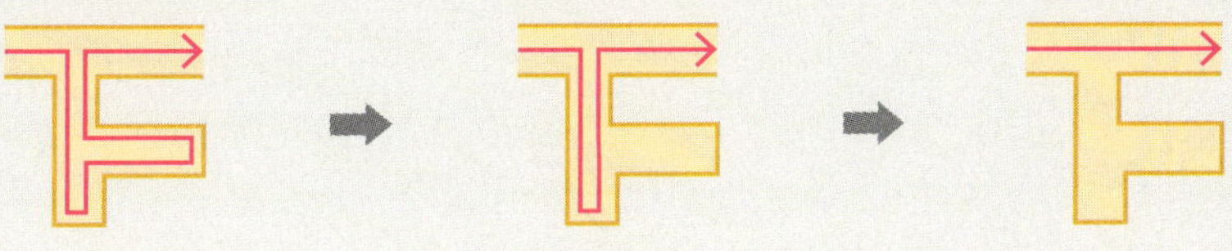

미로 통과

미로의 입구에서 출구까지 가장 빨리 가는 길을 선으로 그려 보시오.

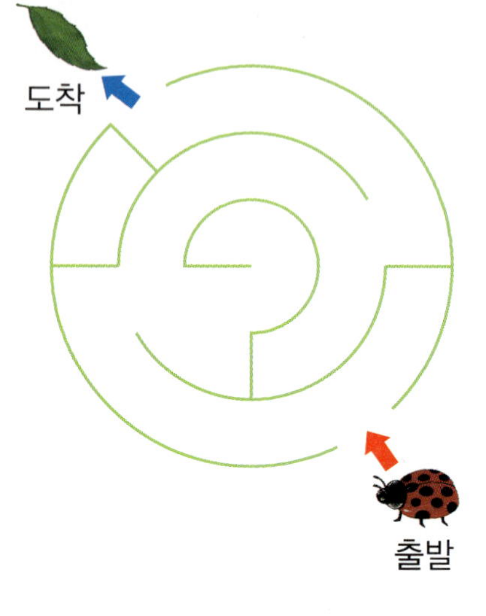

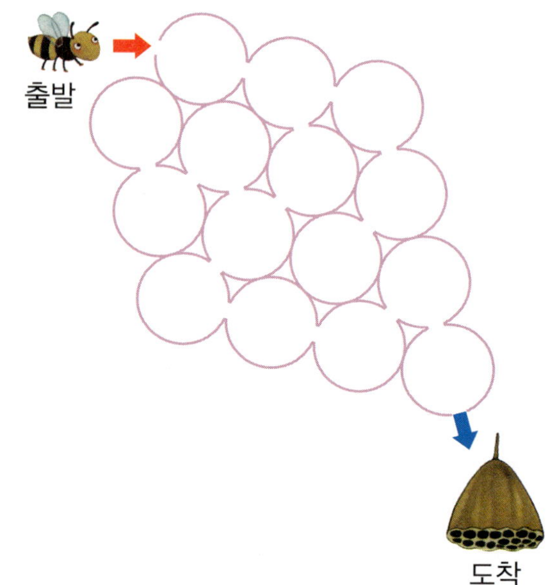

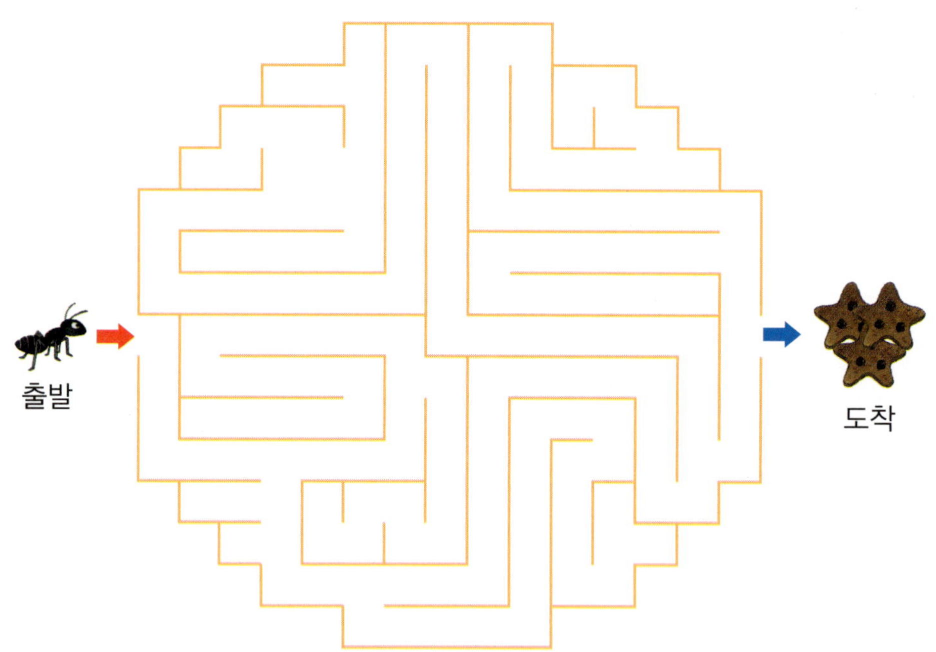

1 [집 찾는 강아지]

강아지가 집까지 가는 길에 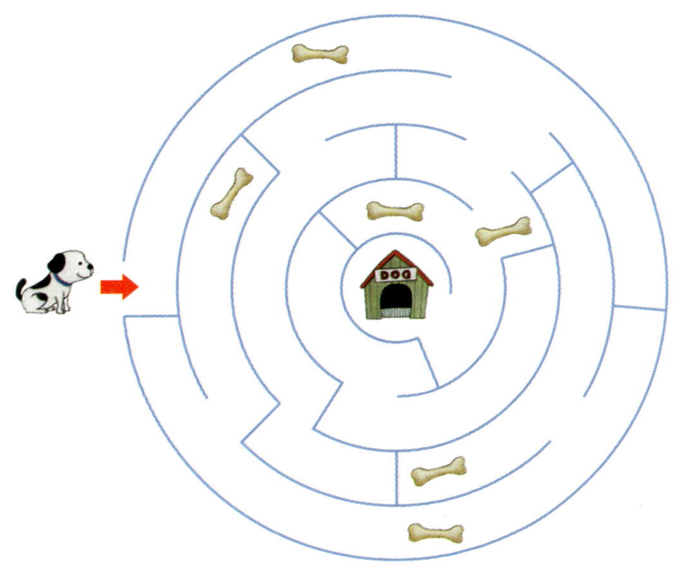를 줍습니다. 가장 빠른 길로 갈 때 모두 몇 개를 주울 수 있습니까?

2 [피노키오 길 찾기]

피노키오가 고래의 입 속으로 들어가 꼬리로 나오는 가장 빠른 길을 선으로 그려 보시오.

어느 과학자가 로봇을 발명하였습니다. 이 로봇은 가야 하는 길을 화살표로 나타내어 입력하면 출발 칸에서부터 정해진 길을 따라 도착 칸까지 이동할 수 있습니다. (단, 화살표를 따라 한 칸씩 이동합니다.)

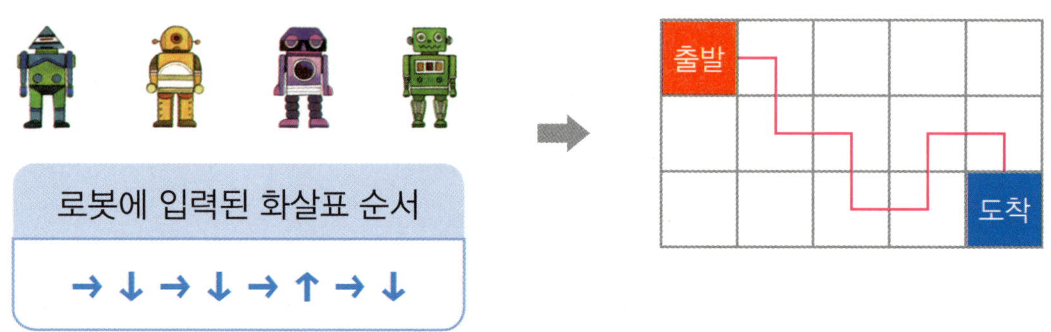

로봇 4대를 각각 다른 위치에서 출발하도록 하고 모두 같은 순서로 화살표를 입력해 놓았습니다. 4대의 로봇 중 도착 칸까지 정확하게 이동하는 로봇을 찾아 ◯표 하시오.

1 고양이가 화살표 방향을 따라 이동하여 생선이 있는 곳까지 가려고 합니다. 주어진 화살표 중 빈 곳에 알맞은 화살표를 찾아 그려 넣으시오.

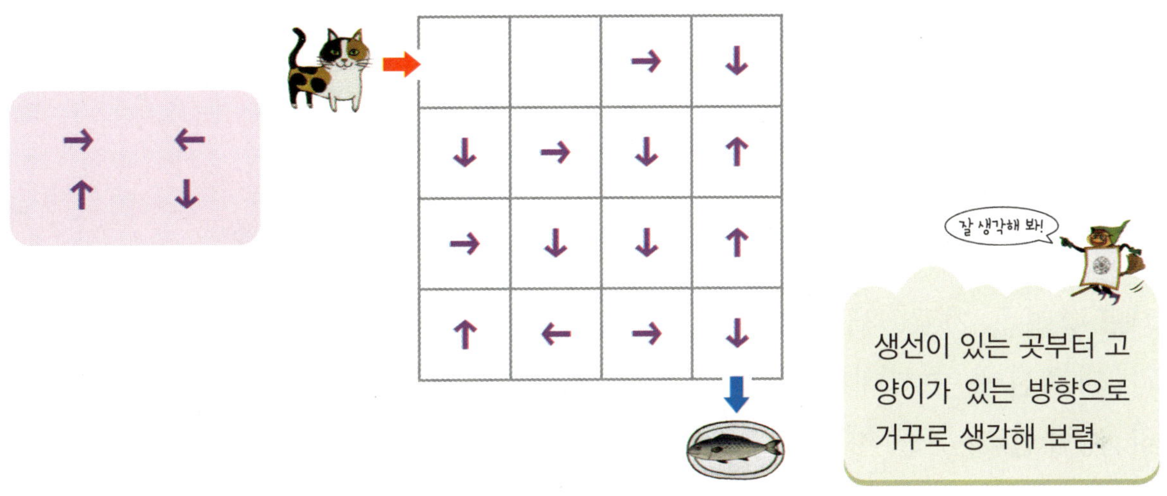

2 화살표 방향으로 한 칸씩 이동하려고 합니다. 한 번 지나간 칸은 다시 지나갈 수 없고 화살표가 2개 있는 경우 한 방향을 선택하여 이동합니다. 야구공이 출발점에서 글러브까지 가는 길을 그려 보시오.

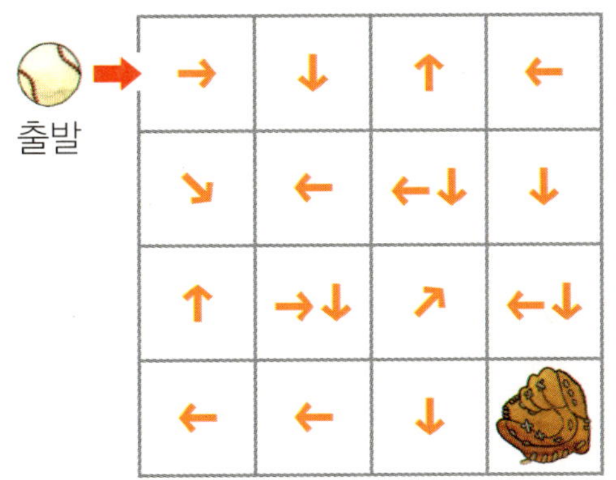

유명한 철학자 데카르트는 어릴 때부터 몸이 허약해서 침대에 누워 있는 시간이 많았다고 합니다.

어른이 된 데카르트는 어느 날 침대에 누워 천장에 있는 파리의 위치를 정확하게 나타내고 싶다는 생각을 하였습니다.
그렇게 해서 생겨난 것이 좌표평면입니다.
좌표평면은 가로, 세로로 선을 그어 가로선과 세로선에 순서대로 수를 정하고 가로선과 세로선의 수를 차례로 적어 위치를 나타냅니다.

의 위치를 나타낸 것과 같은 방법으로 과 의 위치를 나타내시오.

 (5, 2)

 (☐, ☐)

 (☐, ☐)

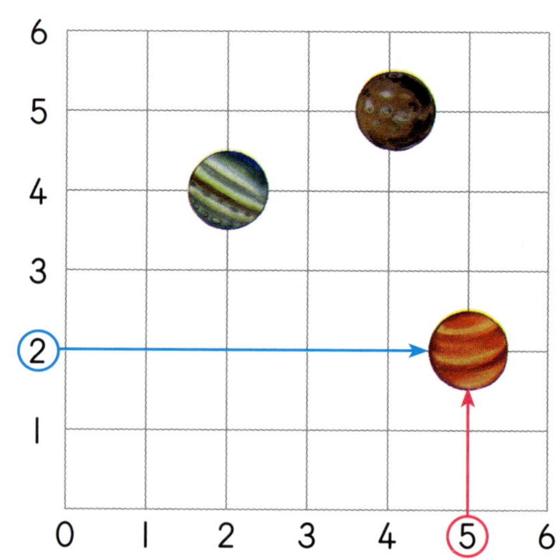

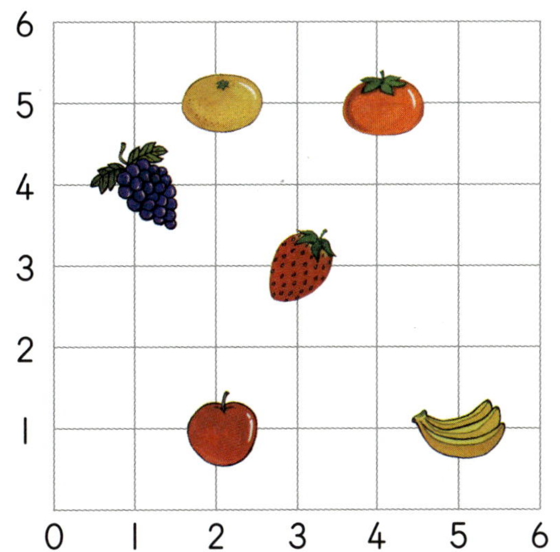

노크 포인트

좌표평면 위에 있는 물건의 위치를 가로 칸과 세로 칸을 세어서 숫자로 나타낸 것을 순서쌍이라고 합니다. 순서쌍을 사용하면 간단하게 위치를 나타낼 수 있습니다.

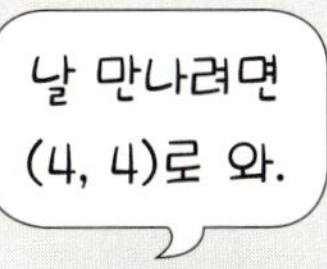

순서쌍을 모두 표시한 다음, 순서대로 선으로 이으면 여러 가지 모양을 만들 수 있습니다.

$$(2, 1) \rightarrow (2, 2) \rightarrow (1, 2) \rightarrow (2, 4)$$
$$\rightarrow (3, 4) \rightarrow (4, 2) \rightarrow (3, 2) \rightarrow (3, 1)$$

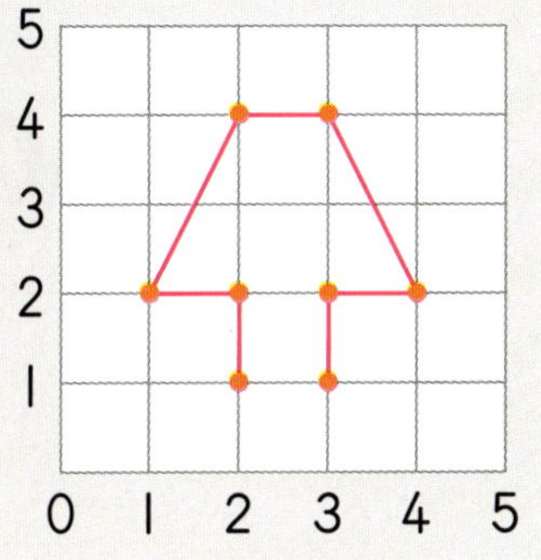

병원의 위치 찾기

아인, 지오, 한입 요괴는 놀이터에서 길을 찾고 계시는 할머니를 만났습니다. 아인이는 우선 동네 지도를 다음과 같이 그렸습니다.

지오와 한입 요괴가 아인이가 그린 지도를 보고 할머니께 마트와 병원의 위치를 설명해 드리고 있습니다. 가, 나, 다, 라 중 마트와 병원의 위치를 찾아 기호를 쓰시오.

마트: ☐

병원: ☐

1 다음을 보고 각 동물들의 집의 위치를 좌표평면 위에 나타내어 보시오.

순서쌍 따라 선 긋기

태경이와 초이는 선생님께 사탕 10개를 받았습니다. 두 사람은 다음 방법에 따라 사탕을 나누어 가지기로 하였습니다.

1. 좌표평면 위에 사탕을 놓고 순서쌍을 번갈아 가며 **3**번씩 말합니다.
2. 말한 순서쌍의 위치를 순서대로 선으로 이어 나간 다음, 마지막 순서쌍과 맨 처음 순서쌍을 연결합니다.

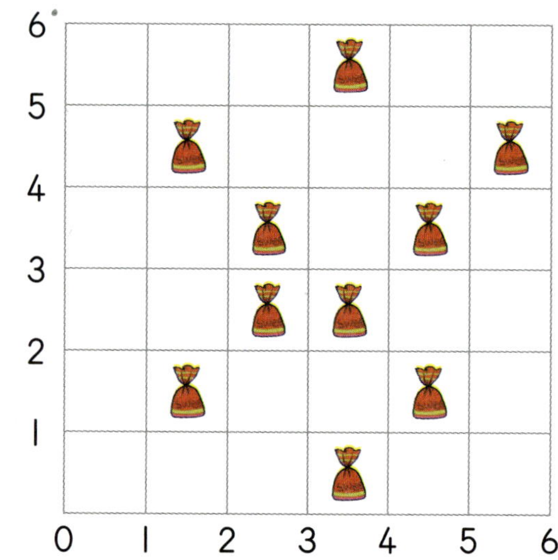

두 사람이 번갈아 가며 말한 순서쌍이 다음과 같을 때, 순서쌍을 연결하여 그림을 그리고, ⬜ 안에 가져가는 사탕의 개수를 써넣으시오.

$$(1, 2) \rightarrow (2, 4) \rightarrow (5, 5) \rightarrow (5, 1) \rightarrow (3, 1) \rightarrow (2, 2)$$

태경: ⬜ 개

초이: ⬜ 개

1 태경이는 집에서 출발하여 다음 순서대로 모두 방문하고 다시 집으로 돌아왔습니다. 태경이가 이동한 길을 좌표평면 위에 선으로 나타내시오.

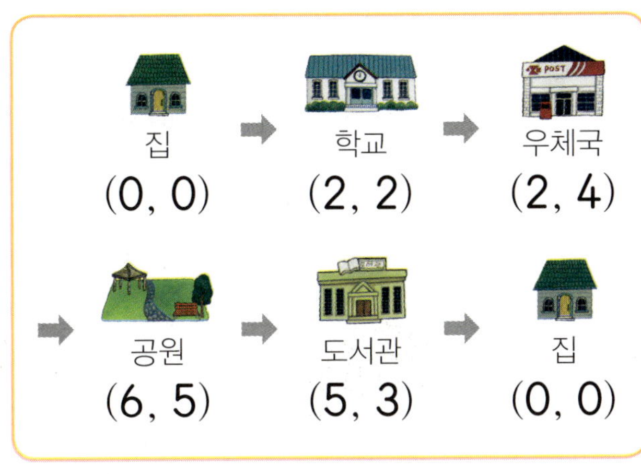

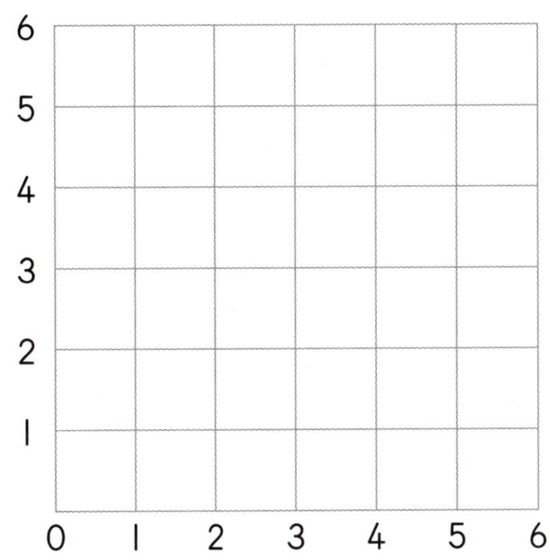

[순서쌍으로 나타낸 모양]

2 순서쌍을 차례로 이어서 나오는 모양의 이름을 지어 보시오.

$(0, 3) \rightarrow (2, 1) \rightarrow (5, 1)$
$\rightarrow (7, 3) \rightarrow (4, 3) \rightarrow (4, 4)$
$\rightarrow (6, 5) \rightarrow (4, 6) \rightarrow (3, 6)$
$\rightarrow (3, 3) \rightarrow (0, 3)$

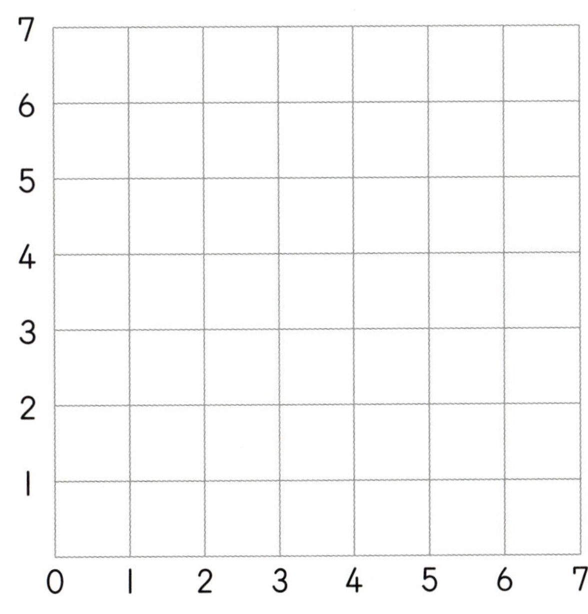

1 택시들이 모두 정류장으로 모입니다. 택시들은 가로, 세로로만 다닐 수 있고 다른 택시가 지나간 칸은 가지 않습니다. 지나가지 않은 칸이 없도록 택시가 지나간 길을 선으로 나타내시오. (단, 한 번 지나간 칸은 다시 가지 않습니다.)

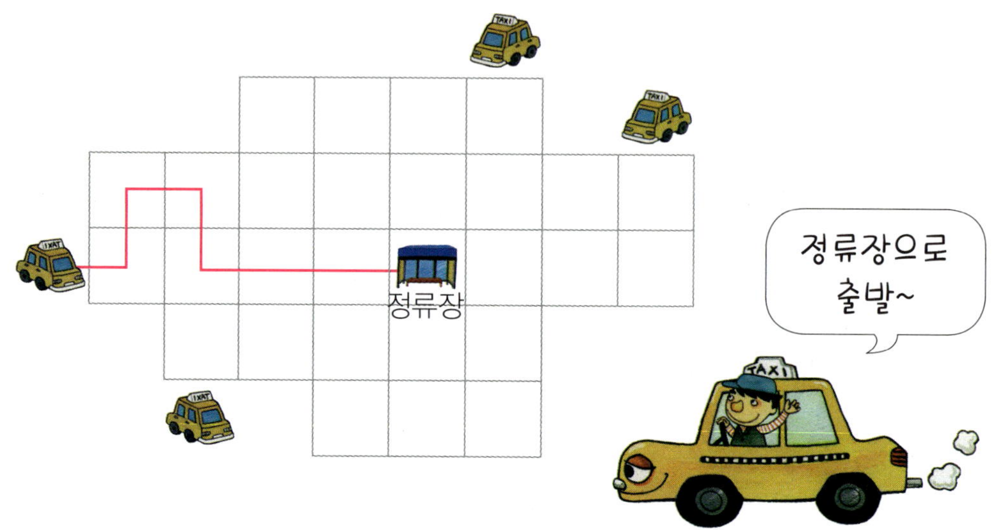

2 앞으로 나아가는 로봇이 있습니다. 이 로봇이 벽을 만났을 때 선택해야 하는 방향을 미리 입력해 두면 미로를 빠져 나올 수 있습니다. ☐ 안에 오른쪽, 왼쪽을 알맞게 써넣으시오.

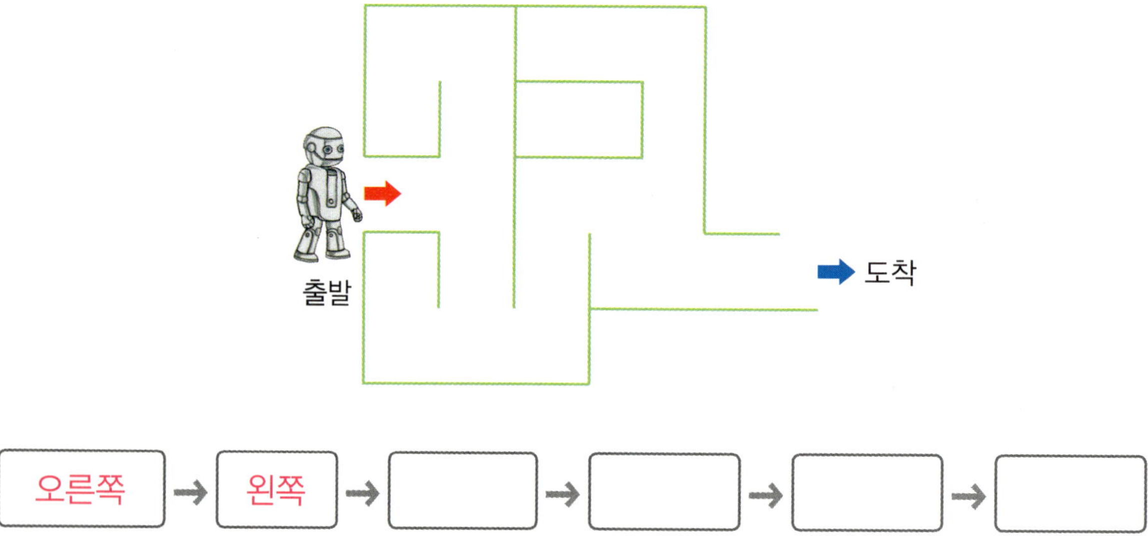

| 오른쪽 | → | 왼쪽 | → | | → | | → | | → | |

3 〔보기〕와 같이 다음 규칙에 맞게 미로를 통과하는 길을 그리시오.

> • 미로 밖의 수는 가로, 세로로 각각 선이 지나간 방의 개수를 나타냅니다.
> • 한 번 지나간 방은 다시 지날 수 없습니다.

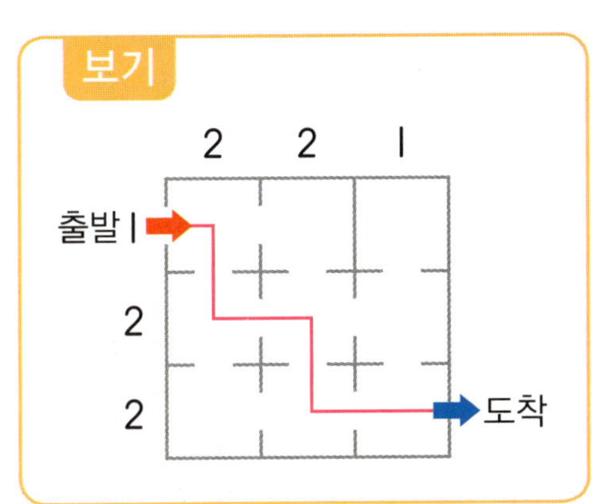

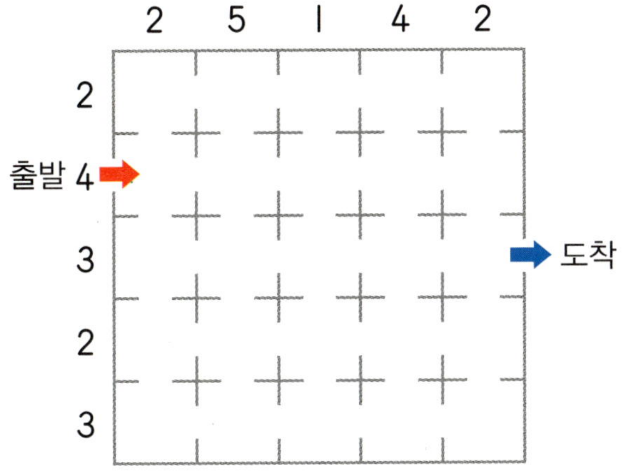

4 〔보기〕와 같이 좌표평면에서 움직인 위치를 표시합니다. 지오가 있는 곳에서 집으로 올 수 있도록 ☐ 안에 알맞은 수를 써넣으시오.

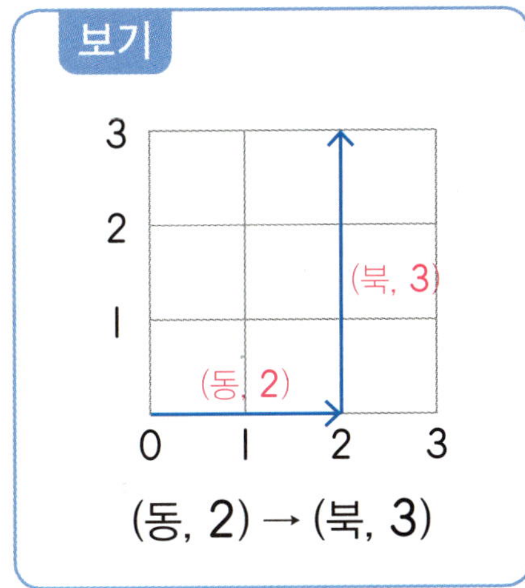

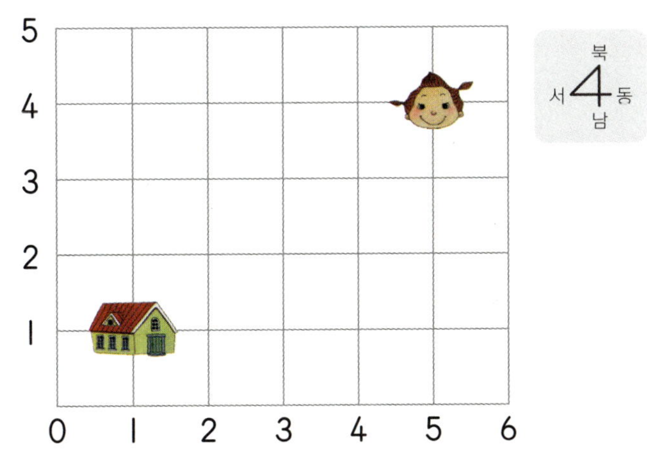

(남, ☐) → (서, ☐)

Chapter 2

해결 전략

가로수와 통나무

아파트 6층에 사는 지오는 계단을 걸어서 올라갑니다.

일정한 빠르기로 걸은 지오가 6층에 도착하여 시계를 봅니다.

지오가 예상한 시간이 틀린 이유를 쓰시오.

지오가 1층에서 6층까지 올라가는 데 걸린 시간은 몇 초입니까?

태경이가 한 층을 올라가는 데 8초가 걸립니다. 태경이가 쉬지 않고 일정한 빠르기로 1층에서 4층까지 올라가는 데 걸린 시간은 몇 초입니까?

한 층을 올라가는 데 1초가 걸리는 엘리베이터가 있습니다. 이 엘레베이터가 중간에 서지 않고 일정한 빠르기로 1층에서 5층까지 올라가는 데 걸리는 시간은 몇 초입니까?

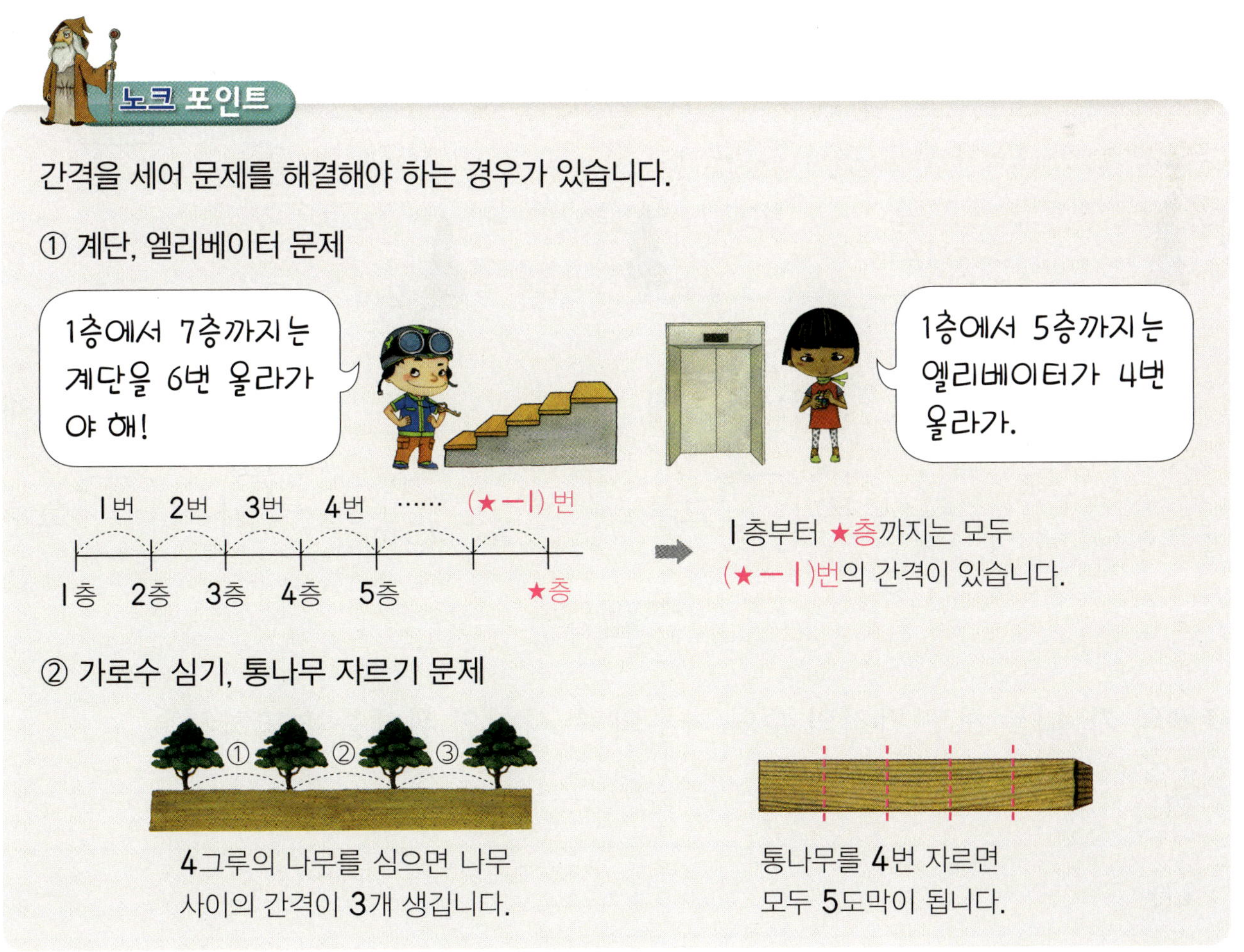

가로수 심기

길에 2m 간격으로 나무를 심으려고 합니다. 나무 사이의 간격과 나무의 수는 어떤 관계가 있는지 알아보시오. (단, 나무의 굵기는 생각하지 않습니다.)

❶ 나무를 심어야 하는 곳을 모두 점으로 표시하고 ☐ 안에 나무 사이의 간격의 수와 전체 나무의 수를 써넣으시오.

가: 도로에 심는 경우

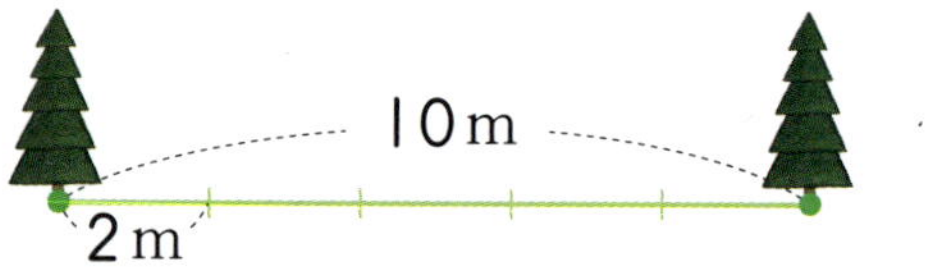

10 m
2 m

간격: ☐ 개

나무: ☐ 그루

14 m
2 m

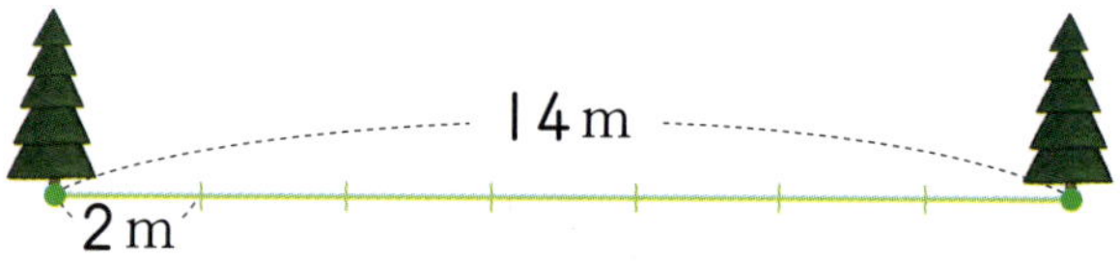

간격: ☐ 개

나무: ☐ 그루

나: 둘레에 심는 경우

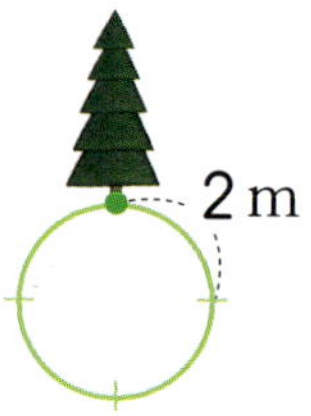

2 m
둘레: 8 m

간격: ☐ 개

나무: ☐ 그루

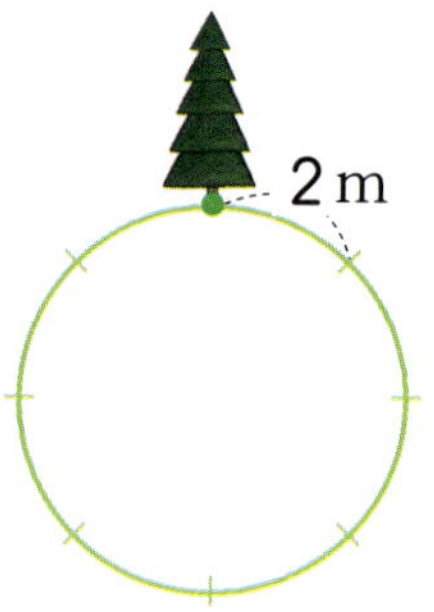

2 m
둘레: 16 m

간격: ☐ 개

나무: ☐ 그루

❷ ❶의 **가**, **나**를 보고 간격의 수와 나무의 수 사이의 관계를 설명하시오.

가: ___________

나: ___________

1 32 m의 거리 양쪽에 다음과 같이 4 m 간격으로 가로등을 설치하려고 합니다. 필요한 가로등의 개수를 구하시오. (단, 가로등의 굵기는 생각하지 않습니다.)

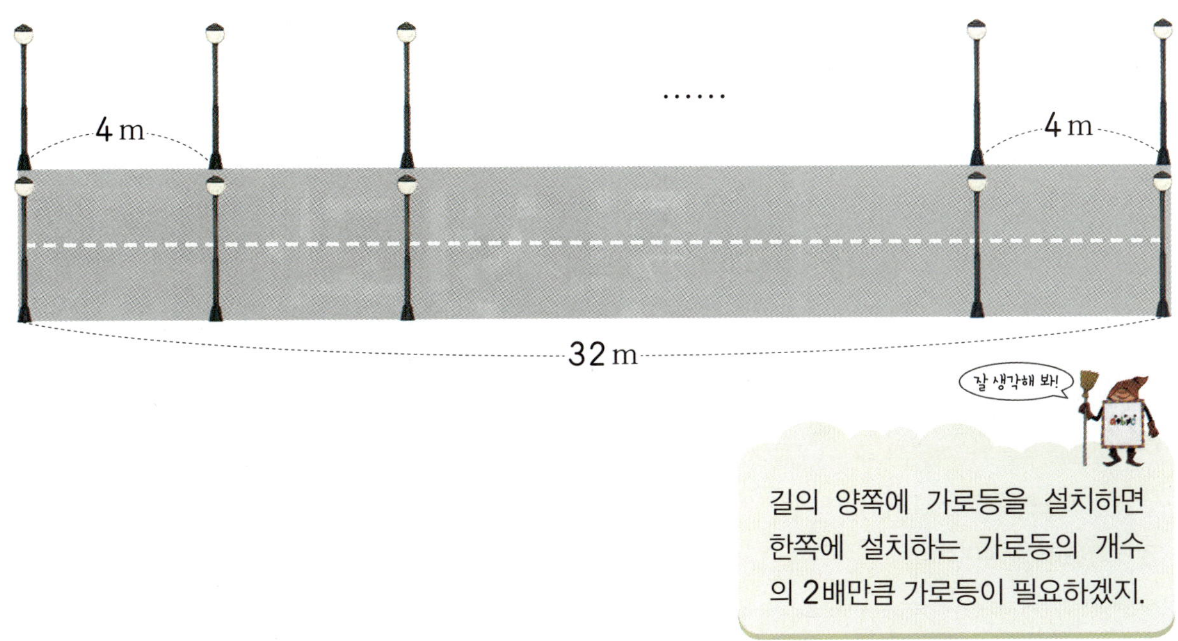

길의 양쪽에 가로등을 설치하면 한쪽에 설치하는 가로등의 개수의 2배만큼 가로등이 필요하겠지.

[호수의 나무]

2 둘레가 72 m인 호수의 주변에 9 m 간격으로 꽃을 심으려고 합니다. 한 번 심을 때 3송이씩을 심는다고 하면 모두 몇 송이가 필요한지 구하시오.

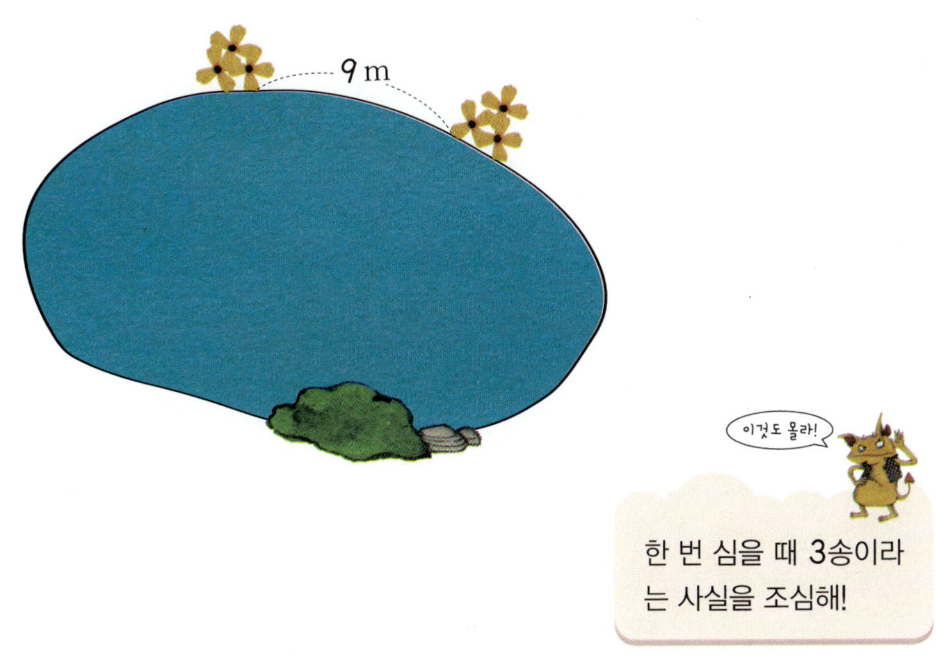

한 번 심을 때 3송이라는 사실을 조심해!

통나무 자르기

통나무를 9도막이 되도록 자르려고 합니다. 한 번 자르는 데 9분이 걸리고, 한 번 자른 후에는 3분씩 쉽니다. 자르는 횟수와 도막의 개수, 쉬는 횟수 사이의 관계를 알아봅시다.

❶ 자른 횟수에 따라 통나무에 자르는 선을 그어 보고 다음 표를 완성하시오.

자른 횟수	1회	2회	3회	4회	5회
도막의 수	2	3			
휴식을 취하는 횟수	0	1			

❷ 통나무를 9도막으로 자르려면 모두 몇 번 자르고, 몇 번 휴식을 취하는지 구하시오.

자르는 횟수: ☐ 번   휴식을 취하는 횟수: ☐ 번

❸ 통나무를 9도막이 되도록 자르는 데 걸리는 시간은 몇 분입니까?

1 아인이와 태경이가 각자 자신이 가진 끈을 잘라 9도막으로 만들려고 합니다. 자르는 횟수를 구하시오.

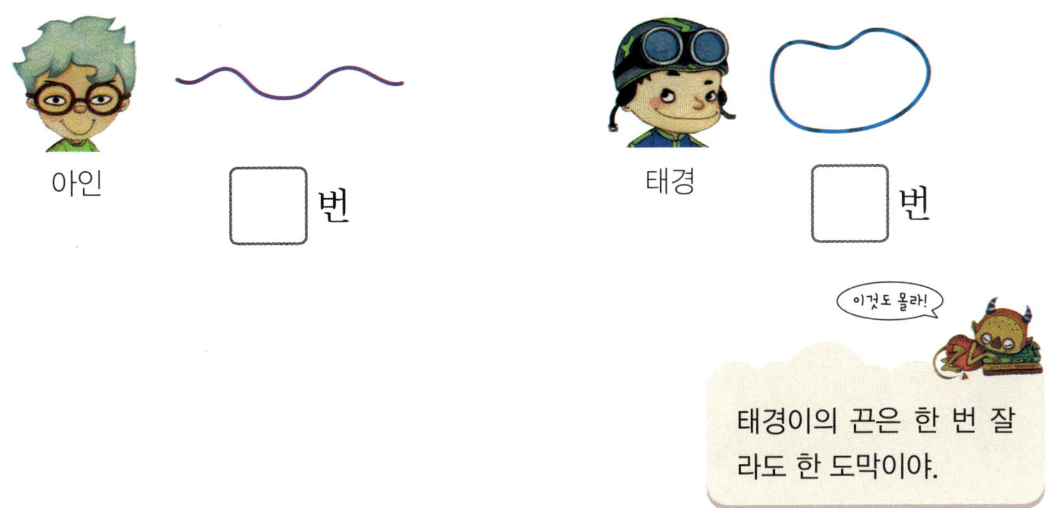

2 통나무를 6도막으로 자르려고 합니다. 한 번 자르는 데 8분이 걸리고, 한 번 자른 후에는 2분씩 쉽니다. 통나무를 6도막으로 자르는 데 몇 분이 걸리는지 구하시오.

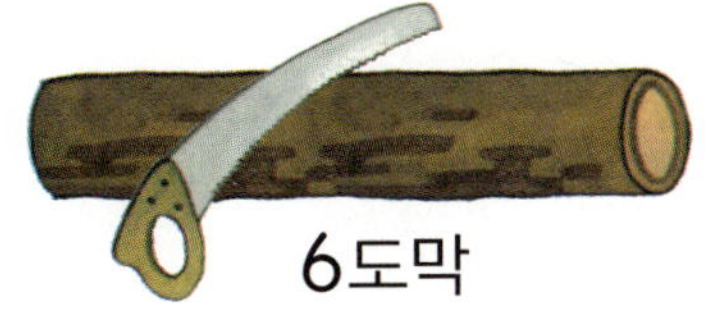

학과 거북

중국의 고대 수학책인 「구장산술」에 다음과 같은 문제가 나옵니다.

학과 거북이 3마리씩 있다면, 다리 수는 모두 몇 개인지 구하시오.

학과 거북 중 어느 동물이 더 많아야 하는지 생각해 보고, 학과 거북은 각각 몇 마리인지 구하시오.

닭과 강아지가 모두 6마리 있는데 다리 수를 세어 보니 모두 20개입니다. 표의 빈칸에 알맞은 수를 써넣고 닭과 강아지의 수를 각각 구하시오.

닭의 수(마리)	0	1	2	3	4	5	6
강아지의 수(마리)	6	5	4	3	2	1	0
다리 수	24					14	12

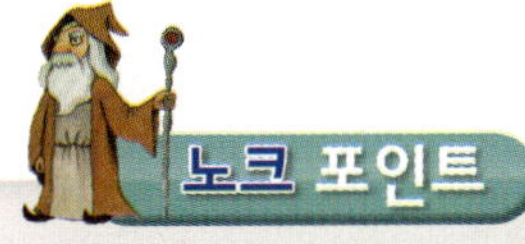

노크 포인트

학과 거북 문제를 해결하는 방법에는 여러 가지가 있습니다.

> 강가에 있는 학과 거북은 모두 5마리이고, 다리를 세어 보니 모두 16개입니다. 학과 거북은 각각 몇 마리일까요?

① 표 만들어 해결하기

학의 수(마리)	0	1	2	3	4	5
거북의 수(마리)	5	4	3	2	1	0
다리 수	20	18	16	14	12	10

학이 2마리, 거북이 3마리일 때, 다리 수가 16개입니다.

② 그림 그려서 해결하기

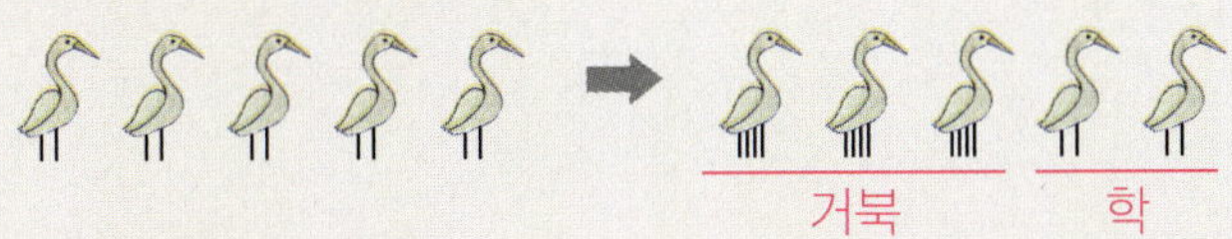

다리가 모두 16개가 되도록 학 3마리에 다리를 2개씩 더 그려 거북으로 생각합니다.

③ 가정하여 해결하기

5마리를 모두 학이라고 가정하면 다리가 모두 10개이므로 16개보다 6개가 적습니다. 학 한 마리를 거북으로 바꿀 때마다 다리가 2개씩 늘어나므로 거북은 모두 3마리, 학은 2마리입니다.

구멍이 4개 또는 6개인 단추가 모두 12개 있습니다. 구멍이 모두 56개일 때, 구멍이 6개인 단추의 개수를 구해 봅시다.

❶ 다음 12개의 단추에 구멍을 모두 4개씩 그리시오.

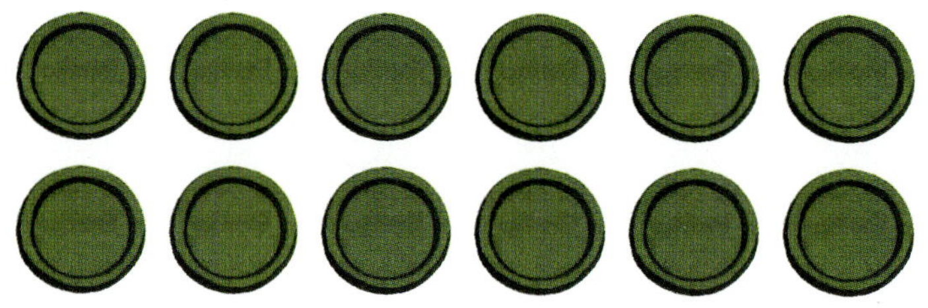

❷ ❶에서 그린 구멍은 모두 몇 개입니까? 56개보다 몇 개가 적습니까?

❸ 구멍이 56개가 되도록 ❶의 단추에 구멍을 더 그려 넣으시오. (단, 단추 하나에 구멍을 2개씩만 더 그려야 합니다.)

❹ 구멍이 6개인 단추는 몇 개입니까?

1 식목일에 초이네 모둠 7명이 나무를 심었습니다. 한 사람이 2그루 또는 3그루의 나무를 심었고 심은 나무가 모두 17그루입니다. 나무를 알맞게 색칠하고, 2그루를 심은 사람은 몇 명인지 구하시오.

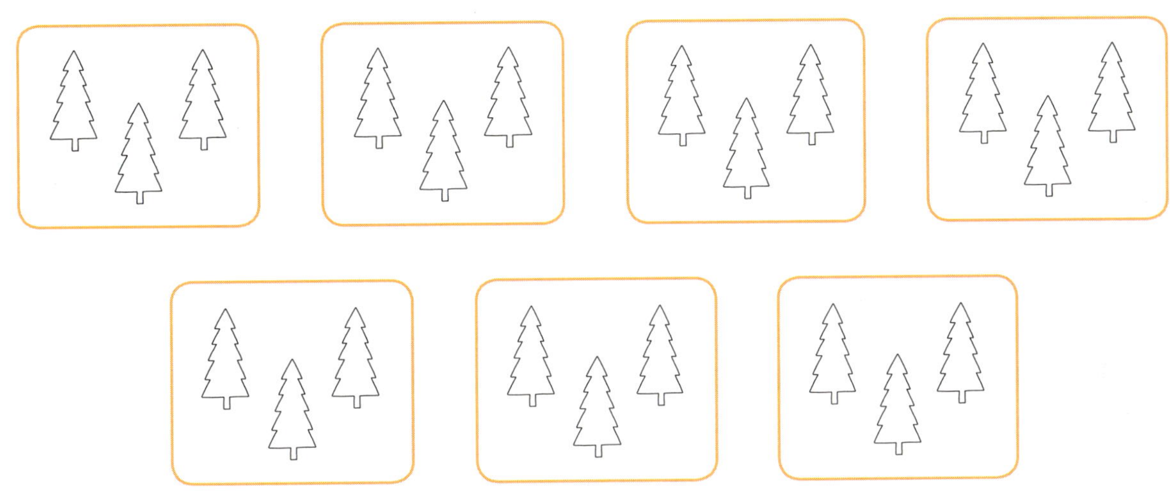

2 초이는 삼각형과 사각형을 모두 10개 그렸습니다. 그린 도형의 변이 모두 35개일 때, 초이가 그린 사각형의 개수를 구하시오.

자전거 매장에서 두발자전거는 10만 원, 네발자전거는 12만 원에 팔고 있습니다. 모두 8대를 86만 원에 팔았다면 두발자전거와 네발자전거는 각각 몇 대씩 판 것인지 구해 봅시다.

10만 원

12만 원

❶ 만약 8대 모두 두발자전거를 팔았다면 판 돈은 얼마입니까? 또, 86만 원보다 얼마나 적습니까?

❷ 두발자전거를 네발자전거로 바꾸어 팔면 1대 팔 때마다 판 돈은 얼마씩 늘어납니까?

❸ ❶에서 차이나는 금액만큼을 메꾸려면 네발자전거를 몇 대 팔아야 합니까?

❹ 두발자전거와 네발자전거는 각각 몇 대씩 팔았습니까?

1 태경이는 친구 8명에게 사탕 30개를 나누어 주려고 합니다. 남학생에게는 3개 씩, 여학생에게는 5개씩 줄 때, 여학생은 모두 몇 명입니까?

2 아인이와 지오가 가위바위보를 10번 하였습니다. 이기면 10점, 지면 4점을 얻 는다고 할 때, 아인이는 82점을 얻었습니다. 아인이는 모두 몇 번 이겼습니까? (단, 비긴 적은 없습니다.)

멍하니 요괴와 거꾸로 요괴는 자신의 나이를 알지 못합니다.

멍하니 요괴

거꾸로 요괴

대마법사 멀린이 꼬마 요괴의 나이에 대해 말해줍니다.

멀린

올해 멍하니 요괴와 거꾸로 요괴의 나이의 합은 얼마입니까?

올해 멍하니 요괴와 거꾸로 요괴는 각각 몇 살입니까?

올해 아인이 가족의 나이를 나타낸 것입니다.

> • 어머니: 37살　　• 아버지: 40살
> • 아인: 9살　　　• 동생: 6살

● 5년 후 45살이 되는 사람을 쓰시오.

● 내년에 아인이와 동생의 나이의 합을 구하시오.

● 올해 아버지와 어머니의 나이는 3살 차이가 납니다. 내년에 아버지와 어머니의 나이는 몇 살 차이가 납니까?

노크 포인트

모든 사람은 나이가 1년마다 1살씩 더 많아집니다. 올해를 기준으로 아인이와 아인이 동생의 나이는 다음과 같습니다.

	2년 전	1년 전	올해	1년 후	2년 후
아인이 나이(살)	7	8	9	10	11
동생 나이(살)	4	5	6	7	8
나이의 합	11	13	15	17	19
나이의 차	3	3	3	3	3

➡ 아인이와 동생의 나이의 합은 2씩 늘어나고 나이의 차는 변하지 않습니다.

나이의 합과 차

지오 부모님의 4년 전 나이의 합은 76이고, 차는 4입니다. 올해와 8년 후 지오 부모님의 나이의 합과 차를 구해 봅시다. (단, 아버지가 어머니보다 나이가 많습니다.)

❶ 나이의 합이 76이 되도록 표를 완성한 후, 나이의 차가 4인 경우를 찾아 그때 아버지와 어머니의 나이를 쓰시오.

아버지의 나이	38	39	40	41	42
어머니의 나이	38				
나이의 차	0				

❷ 4년 전 부모님의 나이가 ❶과 같을 때, 다음 표를 완성하시오.

	4년 전	올해	8년 후
아버지의 나이			
어머니의 나이			
나이의 합	76		
나이의 차	4		

올해와 8년 후 나이의 합과 차 중 변하는 것과 변하지 않는 것은 무엇입니까?

정답 및 해설

누구나
쉽고 재미있게

사고력 수학

노크

B4
(9~10세)

해결전략

미로와 위치

1 경로 퍼즐

각 방에 ◯, ×가 써 있는 미로가 있습니다. 입구로 들어가서 출구로 나와야 하는데 방을 지날 때는 ◯와 ×를 번갈아 지나가며 미로를 통과해야 합니다. 단, 대각선으로 지날 수는 없으며, 한 번 지나온 길은 다시 갈 수 없습니다.

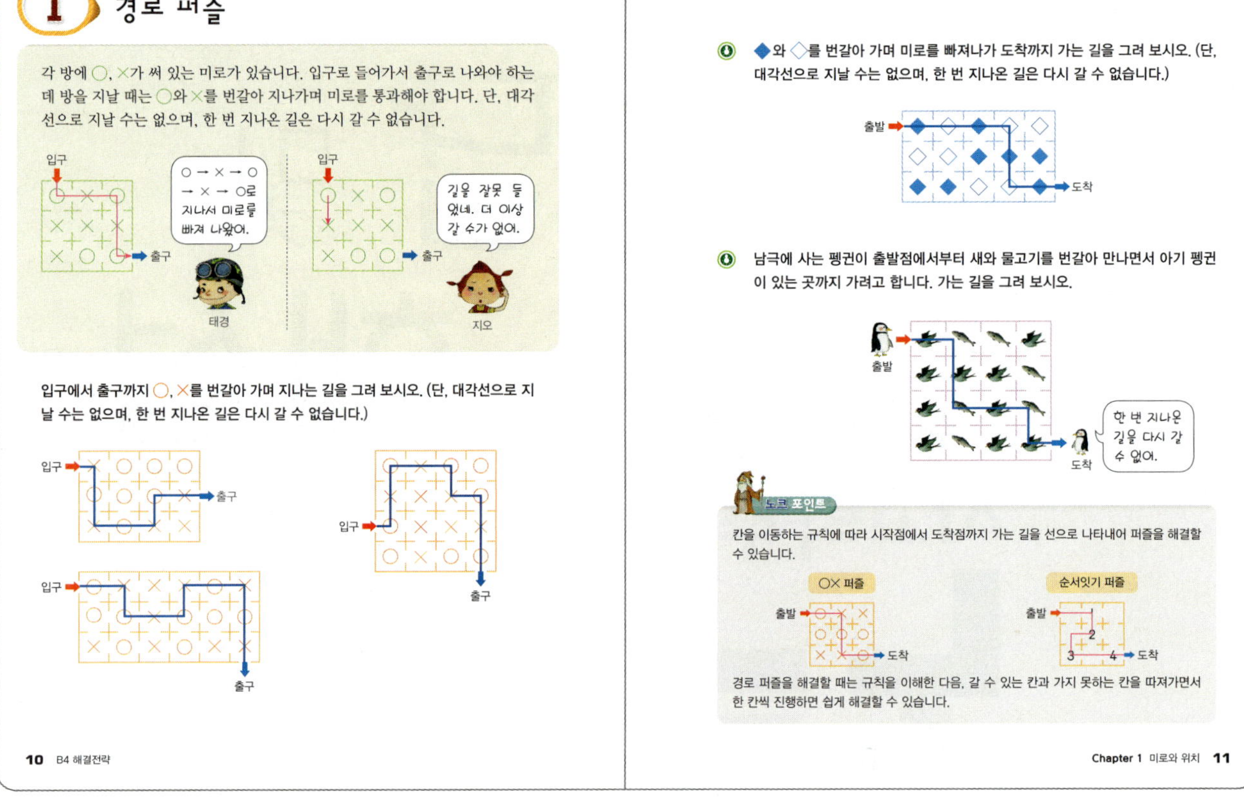

입구에서 출구까지 ◯, ×를 번갈아 가며 지나는 길을 그려 보시오. (단, 대각선으로 지날 수는 없으며, 한 번 지나온 길은 다시 갈 수 없습니다.)

❶ ◆와 ◇를 번갈아 가며 미로를 빠져나가 도착까지 가는 길을 그려 보시오. (단, 대각선으로 지날 수는 없으며, 한 번 지나온 길은 다시 갈 수 없습니다.)

❷ 남극에 사는 펭귄이 출발점에서부터 새와 물고기를 번갈아 만나면서 아기 펭귄이 있는 곳까지 가려고 합니다. 가는 길을 그려 보시오.

도로 포인트

칸을 이동하는 규칙에 따라 시작점에서 도착점까지 가는 길을 선으로 나타내어 퍼즐을 해결할 수 있습니다.

경로 퍼즐을 해결할 때는 규칙을 이해한 다음, 갈 수 있는 칸과 가지 못하는 칸을 따져가면서 한 칸씩 진행하면 쉽게 해결할 수 있습니다.

연결 퍼즐

오늘은 지오의 생일입니다. 지오는 어머니로부터 다음과 같은 편지를 받았습니다. 어머니께서 보낸 퍼즐을 해결해 봅시다.

지오에게

생일 축하해!! 봉투에 퍼즐이 하나 있어.
사랑하는우리지오라고 쓰인 칸을 차례로 이어야 하는데 모든 칸을 전부 지나야 하고, 지나갔던 칸은 다시 갈 수 없단다.
가로와 세로만 선을 그어야 하고 사에서 시작해서 오로 끝나야 해.

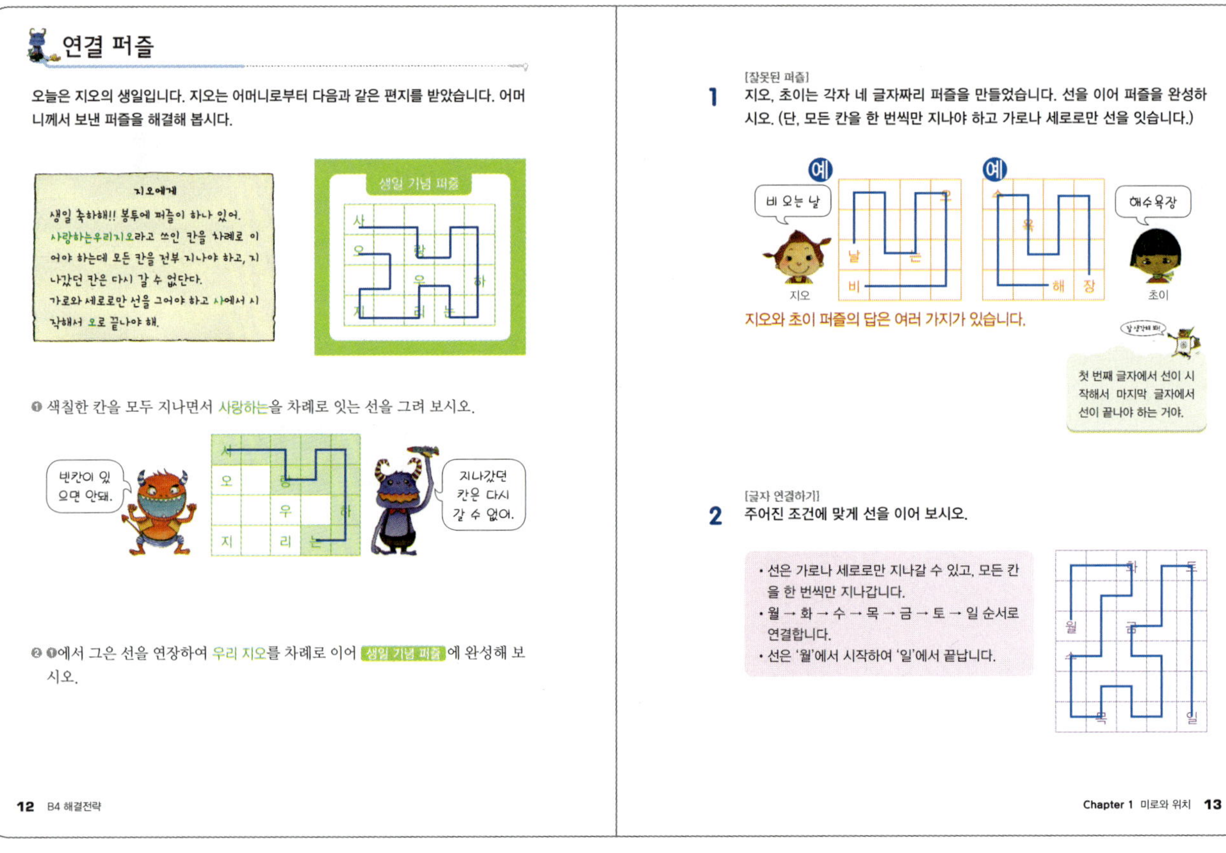

❶ 색칠한 칸을 모두 지나면서 사랑하는을 차례로 잇는 선을 그려 보시오.

❷ ❶에서 그은 선을 연장하여 우리 지오를 차례로 이어 생일 기념 퍼즐 에 완성해 보시오.

[잘못된 퍼즐]
1 지오, 초이는 각자 네 글자짜리 퍼즐을 만들었습니다. 선을 이어 퍼즐을 완성하시오. (단, 모든 칸을 한 번씩만 지나야 하고 가로나 세로로만 선을 이을 수 있습니다.)

지오와 초이 퍼즐의 답은 여러 가지가 있습니다.

[글자 연결하기]
2 주어진 조건에 맞게 선을 이어 보시오.

• 선은 가로나 세로로만 지나갈 수 있고, 모든 칸을 한 번씩만 지나갑니다.
• 월 → 화 → 수 → 목 → 금 → 토 → 일 순서로 연결합니다.
• 선은 '월'에서 시작하여 '일'에서 끝납니다.

---

2 B4 해결전략

도토리 줍기

다람쥐 3마리가 가로 또는 세로로 이동하면서 주어진 개수만큼의 도토리를 주워서 나무 밑에서 만나기로 하였습니다. 세 다람쥐가 가는 길을 나타내 보시오.

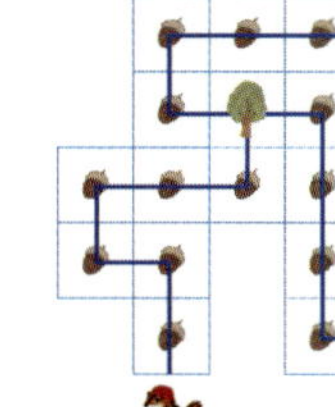

예

[꽃으로 가는 길]

1 나비들이 날아서 꽃을 찾아갑니다. 나비 옆의 수는 나비가 꽃까지 날아가면서 지나가는 칸의 수입니다. 조건에 맞게 선을 이어 보시오.

- 나비는 가로나 세로로만 지나갈 수 있습니다.
- 다른 나비가 지나간 칸은 갈 수 없습니다.
- 한 번 지나간 칸은 다시 갈 수 없습니다.

[배달하기]

2 각 상자들이 집으로 배달됩니다. 상자 옆의 수는 목적지로 가기 위해 지나가는 칸의 수를 나타냅니다. 한 집에 한 상자씩 배달되도록 조건에 맞게 선을 이어 보시오.

- 상자는 가로나 세로로만 배달할 수 있습니다.
- 다른 상자가 지나간 칸은 갈 수 없습니다.
- 한 번 지나간 칸은 다시 갈 수 없습니다.

---

② 미로

오른쪽 미로에서 선을 지나지 않고 화살표 방향을 따라가면 보물을 만날 수 있을까요?

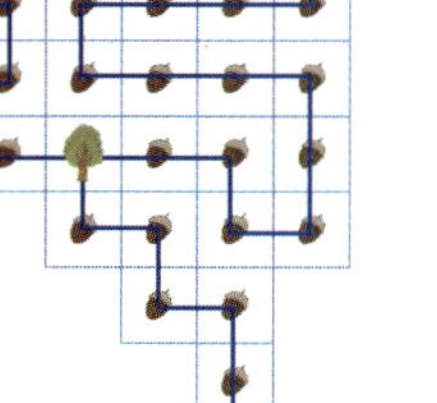

1800년대의 수학자 조르당은 이와 같은 미로를 길을 직접 그려 보지 않고도 답을 알 수 있는 이론을 발표하였습니다.

오른쪽 그림과 같이 밖과 안을 번갈아 써 보면 보물은 선 안쪽의 색칠된 곳에 있기 때문에 화살표를 따라 가서는 보물을 만날 수 없다는 것입니다.

길을 직접 그려 보지 않고 빨간색 화살표와 파란색 화살표 중 길을 따라 갔을 때 보물을 만나게 되는 화살표를 찾아 쓴 후, 길을 그려 확인해 보시오. **빨간색**

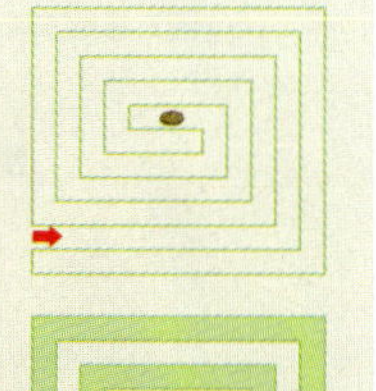

① 가와 나 중에 길을 따라 갔을 때 토끼가 당근을 가질 수 있는 길의 기호를 쓰시오.
나

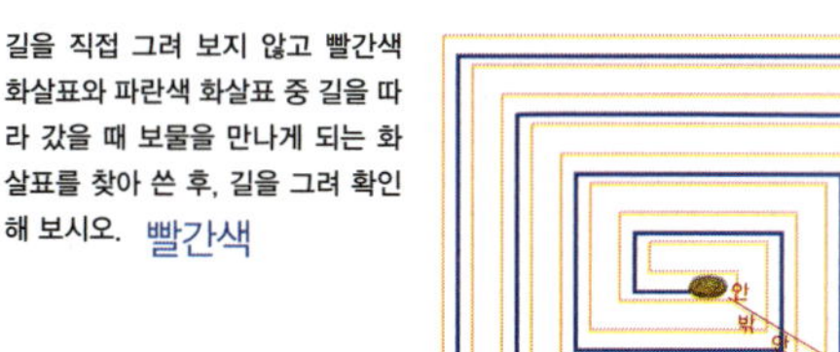

① 구름의 입구부터 출구까지 나가는 길을 그려 보시오.

토크 포인트

미로는 간단한 형태부터 아주 복잡한 형태까지 주변에서 흔하게 접할 수 있습니다.

아무리 복잡한 미로 형태라도 출발 지점부터 목표 지점까지 여러 번 하다 보면 결국 가장 가까운 길을 찾을 수 있게 됩니다.

🐛 미로 통과

미로의 입구에서 출구까지 가장 빨리 가는 길을 선으로 그려 보시오.

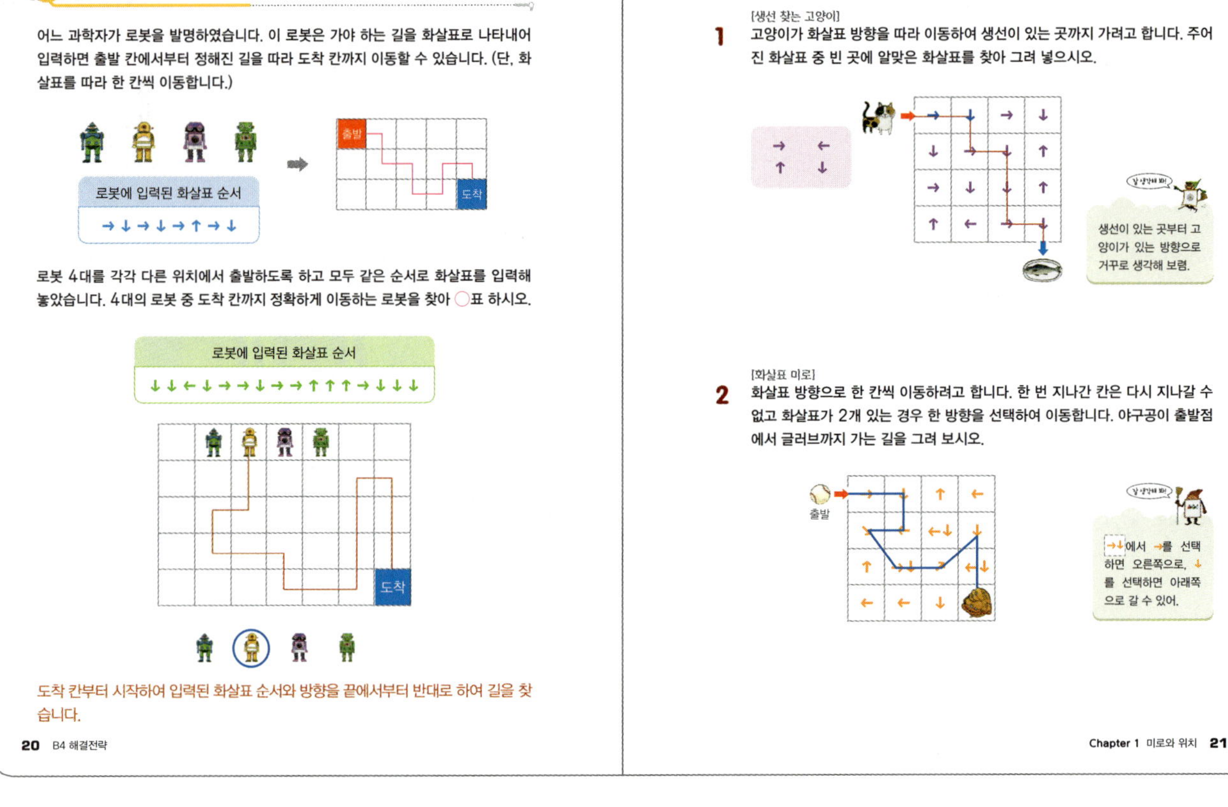

[집 찾는 강아지]

1 강아지가 집까지 가는 길에 🦴를 줍습니다. 가장 빠른 길로 갈 때 모두 몇 개를 주울 수 있습니까? **2개**

[피노키오 길 찾기]

2 피노키오가 고래의 입 속으로 들어가 꼬리로 나오는 가장 빠른 길을 선으로 그려 보시오.

🐞 통과 경로

어느 과학자가 로봇을 발명하였습니다. 이 로봇은 가야 하는 길을 화살표로 나타내어 입력하면 출발 칸에서부터 정해진 길을 따라 도착 칸까지 이동할 수 있습니다. (단, 화살표를 따라 한 칸씩 이동합니다.)

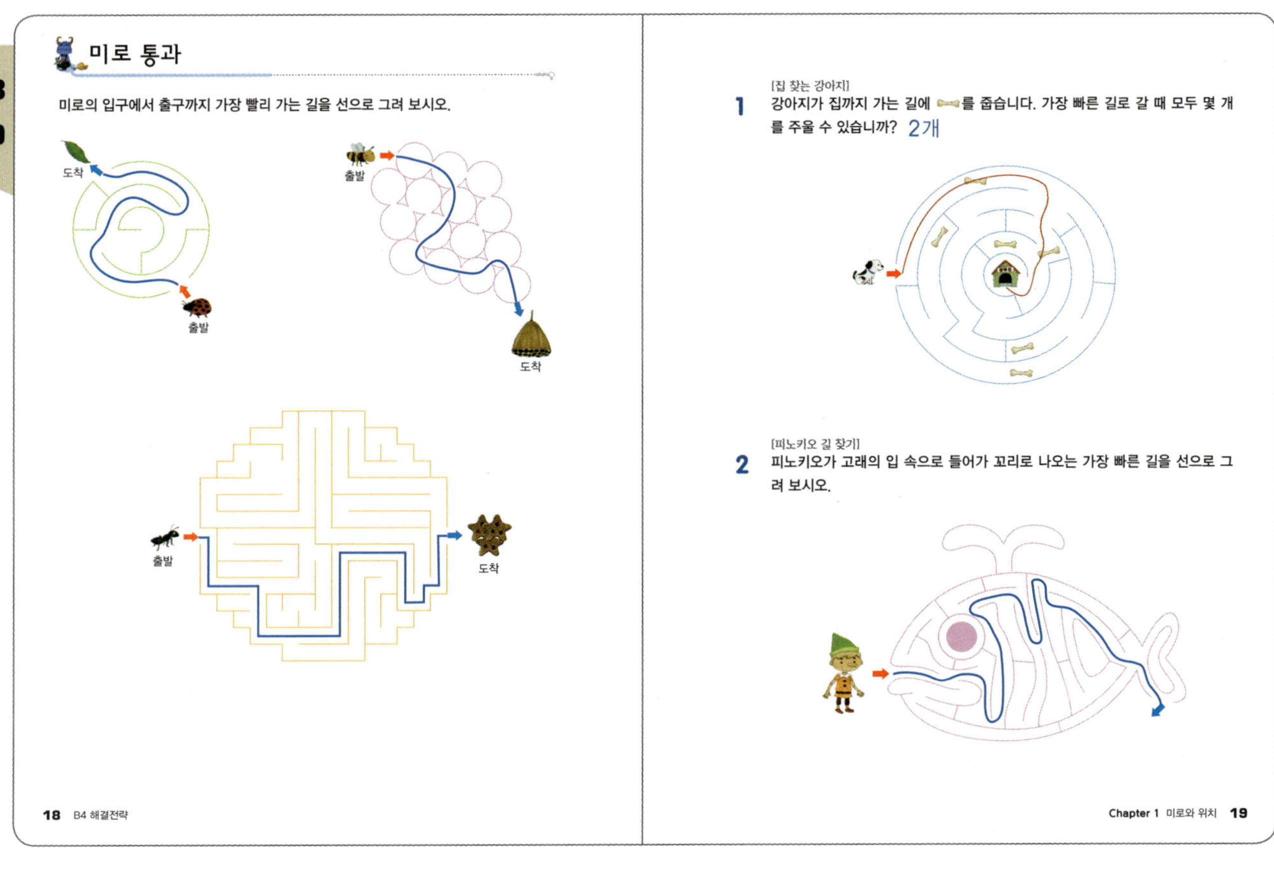

로봇 4대를 각각 다른 위치에서 출발하도록 하고 모두 같은 순서로 화살표를 입력해 놓았습니다. 4대의 로봇 중 도착 칸까지 정확하게 이동하는 로봇을 찾아 ◯표 하시오.

도착 칸부터 시작하여 입력된 화살표 순서와 방향을 끝에서부터 반대로 하여 길을 찾습니다.

[생선 찾는 고양이]

1 고양이가 화살표 방향을 따라 이동하여 생선이 있는 곳까지 가려고 합니다. 주어진 화살표 중 빈 곳에 알맞은 화살표를 찾아 그려 넣으시오.

[화살표 미로]

2 화살표 방향으로 한 칸씩 이동하려고 합니다. 한 번 지나간 칸은 다시 지나갈 수 없고 화살표가 2개 있는 경우 한 방향을 선택하여 이동합니다. 야구공이 출발점에서 글러브까지 가는 길을 그려 보시오.

4 B4 해결전략

3 위치 나타내기

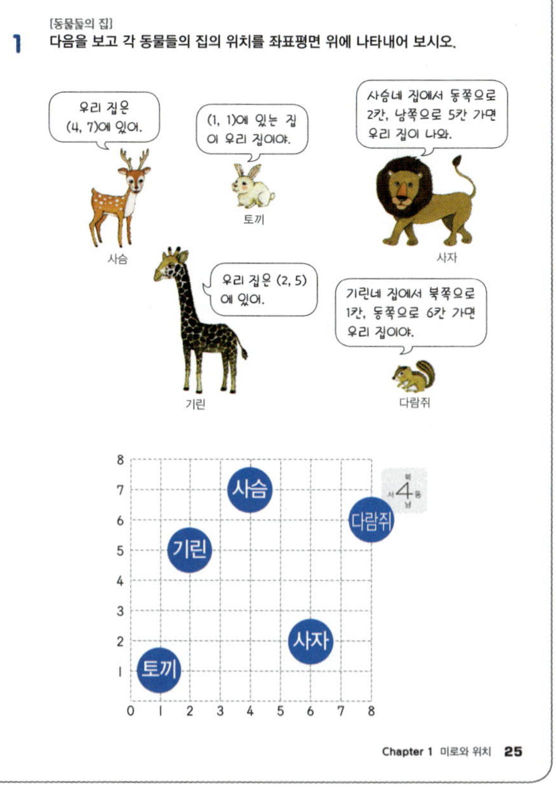

유명한 철학자 데카르트는 어릴 때부터 몸이 허약해서 침대에 누워 있는 시간이 많았다고 합니다.

어른이 된 데카르트는 어느 날 침대에 누워 천장에 있는 파리의 위치를 정확하게 나타내고 싶다는 생각을 하였습니다.
그렇게 해서 생겨난 것이 좌표평면입니다. 좌표평면은 가로, 세로로 선을 그어 가로선과 세로선에 순서대로 수를 정하고 가로선과 세로선의 수를 차례로 적어 위치를 나타냅니다.

◑ ●의 위치를 나타낸 것과 같은 방법으로 ●과 ●의 위치를 나타내시오.

● (5, 2)

● (2 , 4)

● (4 , 5)

◑ 다음 중 태경이가 좋아하는 과일에 모두 ◯표 하시오.

토코 포인트

좌표평면 위에 있는 물건의 위치를 가로 칸과 세로 칸을 세어서 숫자로 나타낸 것을 순서쌍이라고 합니다. 순서쌍을 사용하면 간단하게 위치를 나타낼 수 있습니다.

순서쌍을 모두 표시한 다음, 순서대로 선으로 이으면 여러 가지 모양을 만들 수 있습니다.

$$(2, 1) \rightarrow (2, 2) \rightarrow (1, 2) \rightarrow (2, 4) \rightarrow (3, 4) \rightarrow (4, 2) \rightarrow (3, 2) \rightarrow (3, 1)$$

병원의 위치 찾기

아인, 지오, 한입 요괴는 놀이터에서 길을 찾고 계시는 할머니를 만났습니다. 아인이는 우선 동네 지도를 다음과 같이 그렸습니다.

지오와 한입 요괴가 아인이가 그린 지도를 보고 할머니께 마트와 병원의 위치를 설명해 드리고 있습니다. 가, 나, 다, 라 중 마트와 병원의 위치를 찾아 기호를 쓰시오.

마트: 나   병원: 가

병원은 (2, 2)에서 거꾸로 북쪽으로 3칸, 서쪽으로 1칸 이동하여 (1, 5)에 있습니다.

[동물들의 집]

1 다음을 보고 각 동물들의 집의 위치를 좌표평면 위에 나타내어 보시오.

순서쌍 따라 선 긋기

태경이와 초이는 선생님께 사탕 10개를 받았습니다. 두 사람은 다음 방법에 따라 사탕을 나누어 가지기로 하였습니다.

1. 좌표평면 위에 사탕을 놓고 순서쌍을 번갈아 가며 3번씩 말합니다.
2. 말한 순서쌍의 위치를 순서대로 선으로 이어 나간 다음, 마지막 순서쌍과 맨 처음 순서쌍을 연결합니다.

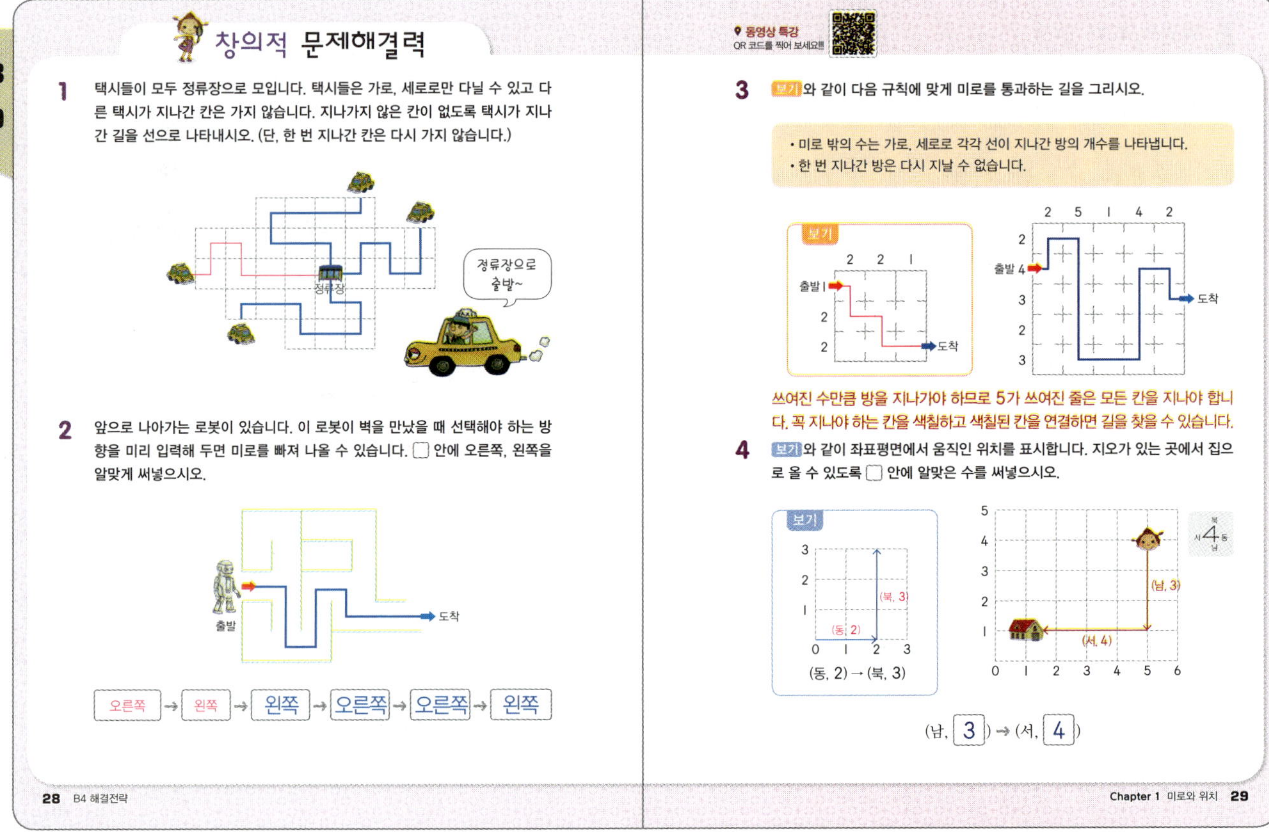

두 사람이 번갈아 가며 말한 순서쌍이 다음과 같을 때, 순서쌍을 연결하여 그림을 그리고, ☐ 안에 가져가는 사탕의 개수를 써넣으시오.

$$(1, 2) \rightarrow (2, 4) \rightarrow (5, 5) \rightarrow (5, 1) \rightarrow (3, 1) \rightarrow (2, 2)$$

태경: 5 개

초이: 5 개

[동네 한 바퀴]

1 태경이는 집에서 출발하여 다음 순서대로 모두 방문하고 다시 집으로 돌아왔습니다. 태경이가 이동한 길을 좌표평면 위에 선으로 나타내시오.

집 (0, 0)	학교 (2, 2)	우체국 (2, 4)
공원 (6, 5)	도서관 (5, 3)	집 (0, 0)

[순서쌍으로 나타낸 모양]

2 순서쌍을 차례로 이어서 나오는 모양의 이름을 지어 보시오. 예 돛단배

$$(0, 3) \rightarrow (2, 1) \rightarrow (5, 1)$$
$$\rightarrow (7, 3) \rightarrow (4, 3) \rightarrow (4, 4)$$
$$\rightarrow (6, 5) \rightarrow (4, 6) \rightarrow (3, 6)$$
$$\rightarrow (3, 3) \rightarrow (0, 3)$$

창의적 문제해결력

♥ 동영상 특강
QR 코드를 찍어 보세요!!!

1 택시들이 모두 정류장으로 모입니다. 택시들은 가로, 세로로만 다닐 수 있고 다른 택시가 지나간 칸은 가지 않습니다. 지나가지 않은 칸이 없도록 택시가 지나간 길을 선으로 나타내시오. (단, 한 번 지나간 칸은 다시 가지 않습니다.)

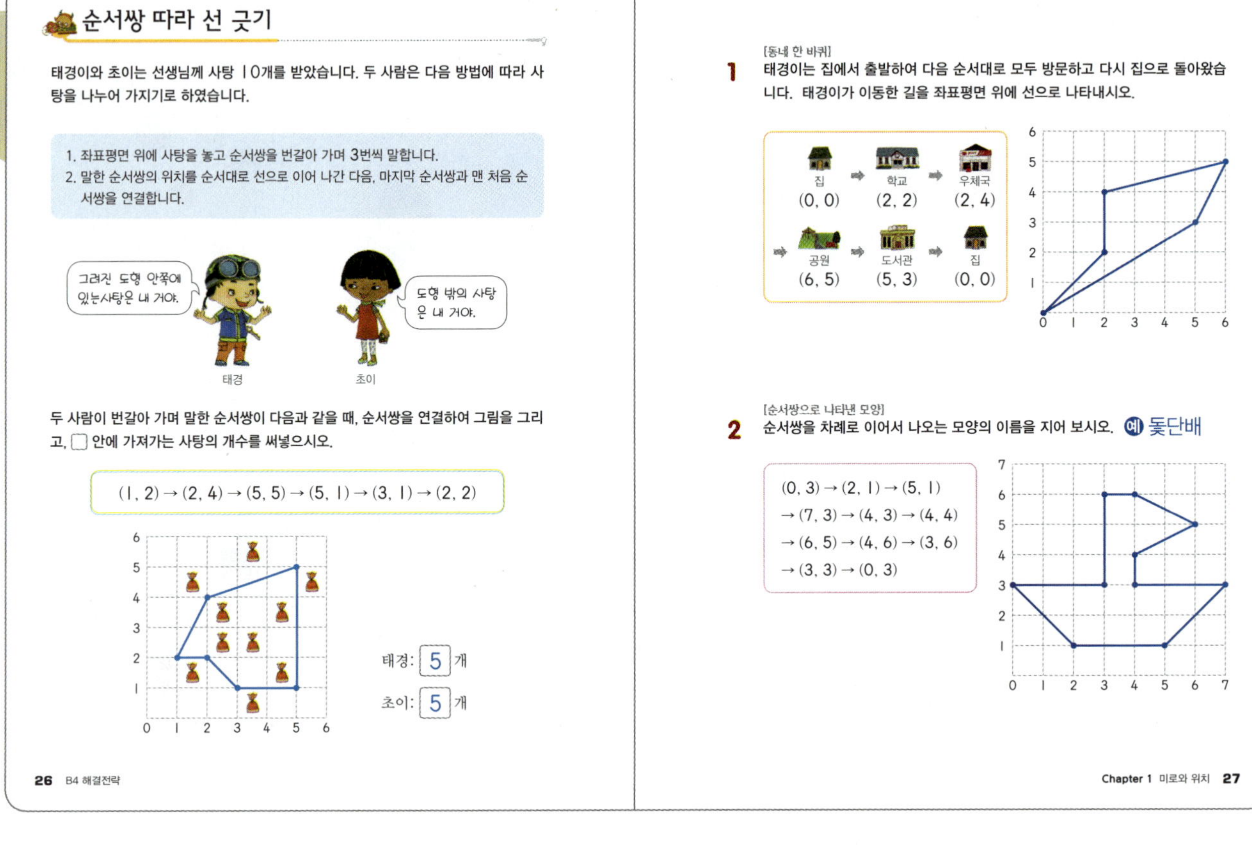

2 앞으로 나아가는 로봇이 있습니다. 이 로봇이 벽을 만났을 때 선택해야 하는 방향을 미리 입력해 두면 미로를 빠져 나올 수 있습니다. ☐ 안에 오른쪽, 왼쪽을 알맞게 써넣으시오.

오른쪽 → 왼쪽 → 왼쪽 → 오른쪽 → 오른쪽 → 왼쪽

3 보기와 같이 다음 규칙에 맞게 미로를 통과하는 길을 그리시오.

• 미로 밖의 수는 가로, 세로로 각각 선이 지나간 방의 개수를 나타냅니다.
• 한 번 지나간 방은 다시 지날 수 없습니다.

쓰여진 수만큼 방을 지나가야 하므로 5가 쓰여진 줄은 모든 칸을 지나야 합니다. 꼭 지나야 하는 칸을 색칠하고 색칠된 칸을 연결하면 길을 찾을 수 있습니다.

4 보기와 같이 좌표평면에서 움직인 위치를 표시합니다. 지오가 있는 곳에서 집으로 올 수 있도록 ☐ 안에 알맞은 수를 써넣으시오.

$$(남, 3) \rightarrow (서, 4)$$

해결 전략

4 가로수와 통나무

32 · 33

아파트 6층에 사는 지오는 계단을 걸어서 올라갑니다.

일정한 빠르기로 걸은 지오가 6층에 도착하여 시계를 봅니다.

지오가 예상한 시간이 틀린 이유를 쓰시오.

1층에서 3층까지 두 층을 올라가는 데 30초가 걸렸으므로 한 층을 올라가는데 15초가 걸립니다. 그런데 지오는 1층에서 3층까지 올라가는 데 세 층을 올라간다고 생각하여 한 층을 올라가는 데 10초가 걸린다고 생각하고, 6층까지 여섯 층을 올라간다고 잘못 생각한 것입니다.

지오가 1층에서 6층까지 올라가는 데 걸린 시간은 몇 초입니까?

한 층을 올라가는 데 15초가 걸리고, 6층까지 다섯 층을 올라가야 하므로 $15+15+15+15+15=75$(초)입니다.

태경이가 한 층을 올라가는 데 8초가 걸립니다. 태경이가 쉬지 않고 일정한 빠르기로 1층에서 4층까지 올라가는 데 걸린 시간은 몇 초입니까? 24초

4층까지 올라가려면 계단을 3번 올라가야 하므로 걸린 시간은 $8×3=24$(초)입니다.

한 층을 올라가는 데 1초가 걸리는 엘리베이터가 있습니다. 이 엘리베이터가 중간에 서지 않고 일정한 빠르기로 1층에서 5층까지 올라가는 데 걸리는 시간은 몇 초입니까? 4초

5층까지 올라가려면 엘리베이터가 4번 올라가야 하므로 4초가 걸립니다.

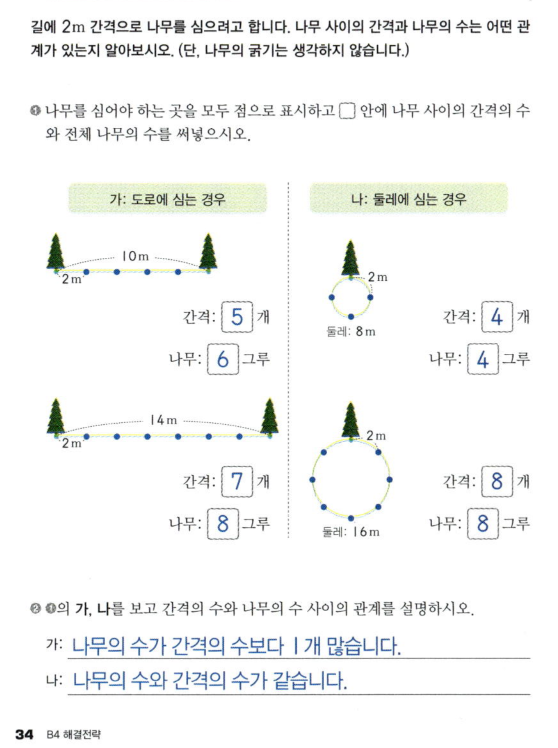

도로 포인트

간격을 세어 문제를 해결해야 하는 경우가 있습니다.

① 계단, 엘리베이터 문제

1층부터 ★층까지는 모두 $(★-1)$번의 간격이 있습니다.

② 가로수 심기, 통나무 자르기 문제

가로수 심기

34 · 35

길에 2m 간격으로 나무를 심으려고 합니다. 나무 사이의 간격과 나무의 수는 어떤 관계가 있는지 알아보시오. (단, 나무의 굵기는 생각하지 않습니다.)

① 나무를 심어야 하는 곳을 모두 점으로 표시하고 □ 안에 나무 사이의 간격의 수와 전체 나무의 수를 써넣으시오.

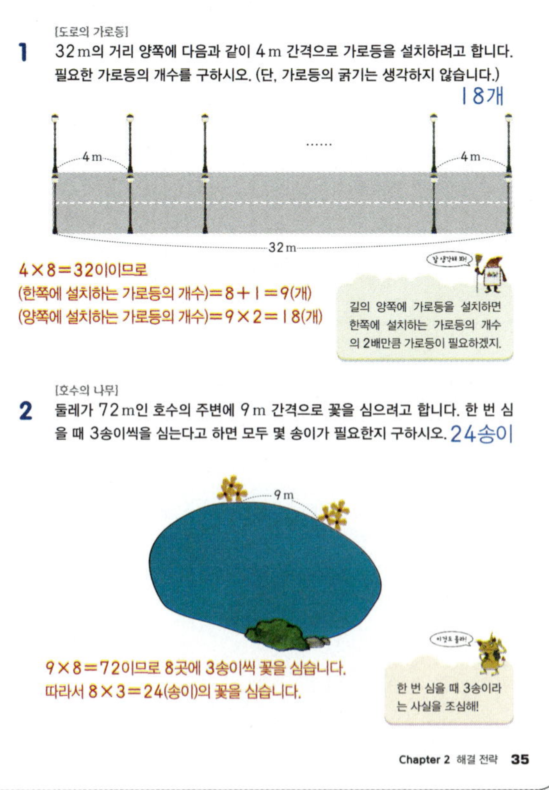

② ①의 가, 나를 보고 간격의 수와 나무의 수 사이의 관계를 설명하시오.

가: 나무의 수가 간격의 수보다 1개 많습니다.

나: 나무의 수와 간격의 수가 같습니다.

---

1 [도로의 가로등]

32m의 거리 양쪽에 다음과 같이 4m 간격으로 가로등을 설치하려고 합니다. 필요한 가로등의 개수를 구하시오. (단, 가로등의 굵기는 생각하지 않습니다.) 18개

$4×8=32$이므로
(한쪽에 설치하는 가로등의 개수)$=8+1=9$(개)
(양쪽에 설치하는 가로등의 개수)$=9×2=18$(개)

2 [호수의 나무]

둘레가 72m인 호수의 주변에 9m 간격으로 꽃을 심으려고 합니다. 한 번 심을 때 3송이씩을 심는다고 하면 모두 몇 송이가 필요한지 구하시오. 24송이

$9×8=72$이므로 8곳에 3송이씩 꽃을 심습니다.
따라서 $8×3=24$(송이)의 꽃을 심습니다.

정답 및 해설 **7**

🪵 통나무 자르기

통나무를 9도막이 되도록 자르려고 합니다. 한 번 자르는 데 9분이 걸리고, 한 번 자른 후에는 3분씩 쉽니다. 자르는 횟수와 도막의 개수, 쉬는 횟수 사이의 관계를 알아봅시다.

❶ 자른 횟수에 따라 통나무에 자르는 선을 그어 보고 다음 표를 완성하시오.

자른 횟수	1회	2회	3회	4회	5회
도막의 수	2	3	4	5	6
휴식을 취하는 횟수	0	1	2	3	4

마지막으로 자른 후에는 일이 모두 끝났으므로 휴식 시간을 갖지 않습니다. 따라서 휴식을 취하는 횟수는 자른 횟수보다 1 적습니다.

❷ 통나무를 9도막으로 자르려면 모두 몇 번 자르고, 몇 번 휴식을 취하는지 구하시오.

자르는 횟수: 8 번 휴식을 취하는 횟수: 7 번

❸ 통나무를 9도막이 되도록 자르는 데 걸리는 시간은 몇 분입니까? 93분
(자르는 데 걸린 시간)=9×8=72(분)
(휴식 시간)=3×7=21(분)
→ 72+21=93(분)

[끈 자르기]

1 아인이와 태경이가 각자 자신이 가진 끈을 잘라 9도막으로 만들려고 합니다. 자르는 횟수를 구하시오.

아인 8 번   태경 9 번

[통나무를 자르는 시간]

2 통나무를 6도막으로 자르려고 합니다. 한 번 자르는 데 8분이 걸리고, 한 번 자른 후에는 2분씩 쉽니다. 통나무를 6도막으로 자르는 데 몇 분이 걸리는지 구하시오. 48분

6도막

(자르는 데 걸린 시간)=8×5=40(분)
(휴식 시간)=2×4=8(분)
→ 40+8=48(분)

5 학과 거북

중국의 고대 수학책인 「구장산술」에 다음과 같은 문제가 나옵니다.

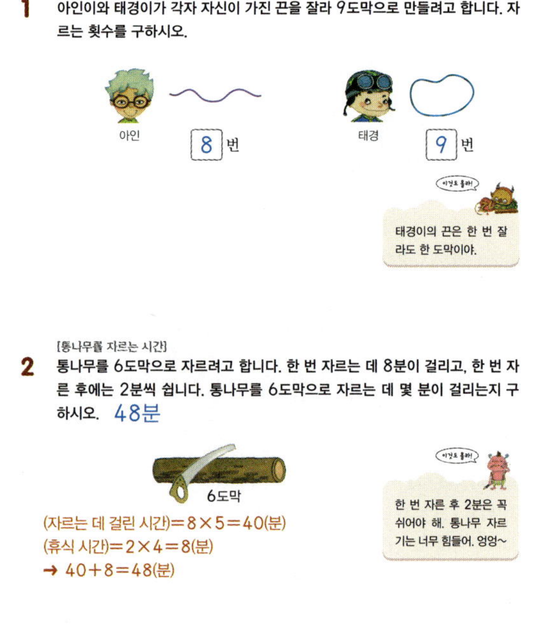

학과 거북이 3마리씩 있다면, 다리 수는 모두 몇 개인지 구하시오. 18개
(학의 다리 수)=2×3=6(개), (거북의 다리 수)=4×3=12(개)
→ 6+12=18(개)

학과 거북 중 어느 동물이 더 많아야 하는지 생각해 보고, 학과 거북은 각각 몇 마리인지 구하시오. 학: 4마리, 거북: 2마리
(학의 다리 수)=2×4=8(개), (거북의 다리 수)=4×2=8(개)
→ 8+8=16(개)

❷ 닭과 강아지가 모두 6마리 있는데 다리 수를 세어 보니 모두 20개입니다. 표의 빈칸에 알맞은 수를 써넣고 닭과 강아지의 수를 각각 구하시오.
닭: 2마리, 강아지: 4마리

닭의 수(마리)	0	1	2	3	4	5	6
강아지의 수(마리)	6	5	4	3	2	1	0
다리 수	24	22	20	18	16	14	12

다리가 모두 20개인 경우는 닭 2마리, 강아지 4마리일 때입니다.

🐢 노른 포인트

학과 거북 문제를 해결하는 방법에는 여러 가지가 있습니다.

강가에 있는 학과 거북은 모두 5마리이고, 다리를 세어 보니 모두 16개입니다. 학과 거북은 각각 몇 마리일까요?

① 표 만들어 해결하기

학의 수(마리)	0	1	2	3	4	5
거북의 수(마리)	5	4	3	2	1	0
다리 수	20	18	16	14	12	10

학이 2마리, 거북이 3마리일 때, 다리 수가 16개입니다.

② 그림 그려서 해결하기

거북 학

다리가 모두 16개가 되도록 학 3마리에 다리를 2개씩 더 그려 거북으로 생각합니다.

③ 가정하여 해결하기
5마리를 모두 학이라고 가정하면 다리가 모두 10개이므로 16개보다 6개가 적습니다. 학 한 마리를 거북으로 바꿀 때마다 다리가 2개씩 늘어나므로 거북은 모두 3마리, 학은 2마리입니다.

그림 그려 해결하기

40 41

구멍이 4개 또는 6개인 단추가 모두 12개 있습니다. 구멍이 모두 56개일 때, 구멍이 6개인 단추의 개수를 구해 봅시다.

❶ 다음 12개의 단추에 구멍을 모두 4개씩 그리시오.

❷ ❶에서 그린 구멍은 모두 몇 개입니까? 56개보다 몇 개가 적습니까?

48개, 8개

$56-48=8$(개) 적습니다.

❸ 구멍이 56개가 되도록 ❶의 단추에 구멍을 더 그려 넣으시오. (단, 단추 하나에 구멍을 2개씩만 더 그려야 합니다.)

❹ 구멍이 6개인 단추는 몇 개입니까? 4개

[나무 심기]

1 식목일에 초이네 모둠 7명이 나무를 심었습니다. 한 사람이 2그루 또는 3그루의 나무를 심었고 심은 나무가 모두 17그루입니다. 나무를 알맞게 색칠하고, 2그루를 심은 사람은 몇 명인지 구하시오. **4명**

[사각형의 개수]

2 초이는 삼각형과 사각형을 모두 10개 그렸습니다. 그린 도형의 변이 모두 35개일 때, 초이가 그린 사각형의 개수를 구하시오. **5개**

가정하여 해결하기

42 43

자전거 매장에서 두발자전거는 10만 원, 네발자전거는 12만 원에 팔고 있습니다. 모두 8대를 86만 원에 팔았다면 두발자전거와 네발자전거는 각각 몇 대씩 판 것인지 구해 봅시다.

❶ 만약 8대 모두 두발자전거를 팔았다면 판 돈은 얼마입니까? 또, 86만 원보다 얼마나 적습니까? **80만 원, 6만 원**

$86만-80만=6만$ (원) 적습니다.

❷ 두발자전거를 네발자전거로 바꾸어 팔면 1대 팔 때마다 판 돈은 얼마씩 늘어납니까? **2만 원**

❸ ❶에서 차이나는 금액만큼을 메꾸려면 네발자전거를 몇 대 팔아야 합니까? **3대**

$6만=2만+2만+2만$이므로 3대 팔아야 합니다.

❹ 두발자전거와 네발자전거는 각각 몇 대씩 팔았습니까?

두발자전거 5대, 네발자전거 3대

[사탕의 개수]

1 태경이는 친구 8명에게 사탕 30개를 나누어 주려고 합니다. 남학생에게는 3개씩, 여학생에게는 5개씩 줄 때, 여학생은 모두 몇 명입니까? **3명**

① 모두 남학생이라면 $3×8=24$(개)
② 사탕 30개와의 차를 구하면 $30-24=6$(개)
③ 여학생에게는 2개씩 더 나누어주므로 $2×3=6$ → 여학생은 3명

[가위바위보]

2 아인이와 지오가 가위바위보를 10번 하였습니다. 이기면 10점, 지면 4점을 얻는다고 할 때, 아인이는 82점을 얻었습니다. 아인이는 모두 몇 번 이겼습니까? (단, 비긴 적은 없습니다.) **7번**

① 10번 모두 졌다면 $4×10=40$(점)
② 82점과의 차를 구하면 $82-40=42$(점)
③ 이기면 6점씩 더 얻으므로 $6×7=42$ → 7번 이겼습니다.

정답 및 해설 **9**

6 나이 문제

멍하니 요괴와 거꾸로 요괴는 자신의 나이를 알지 못합니다.

대마법사 멀린이 꼬마 요괴의 나이에 대해 말해줍니다.

올해 멍하니 요괴와 거꾸로 요괴의 나이의 합은 얼마입니까? 15
내년에 나이의 합이 17이므로 올해는 17−2=15입니다.

올해 멍하니 요괴와 거꾸로 요괴는 각각 몇 살입니까?
멍하니 요괴: 7살, 거꾸로 요괴: 8살
1+14=15, 2+13=15, 3+12=15, 4+11=15, 5+10=15, 6+9=15, 7+8=15입니다. 이때 거꾸로 요괴가 멍하니 요괴보다 한 살 더 많으므로 멍하니 요괴는 7살, 거꾸로 요괴는 8살입니다.

올해 아인이 가족의 나이를 나타낸 것입니다.

·어머니: 37살	·아버지: 40살
·아인: 9살	·동생: 6살

● 5년 후 45살이 되는 사람을 쓰시오. 아버지
40+5=45이므로 5년 후 45살이 되는 사람은 아버지입니다.

● 내년에 아인이와 동생의 나이의 합을 구하시오. 17
내년에 아인이는 9+1=10(살), 동생은 6+1=7(살)이므로 나이의 합은 10+7=17입니다.

● 올해 아버지와 어머니의 나이는 3살 차이가 납니다. 내년에 아버지와 어머니의 나이는 몇 살 차이가 납니까? 3살
두 사람의 나이 차는 언제나 같으므로 내년에도 3살 차이가 납니다.

노크 포인트

모든 사람은 나이가 1년마다 1살씩 더 많아집니다. 올해를 기준으로 아인이와 아인이 동생의 나이는 다음과 같습니다.

	2년 전	1년 전	올해	1년 후	2년 후
아인이 나이(살)	7	8	9	10	11
동생 나이(살)	4	5	6	7	8
나이의 합	11	13	15	17	19
나이의 차	3	3	3	3	3

➡ 아인이와 동생의 나이의 합은 2씩 늘어나고 나이의 차는 변하지 않습니다.

나이의 합과 차

지오 부모님의 4년 전 나이의 합은 76이고, 차는 4입니다. 올해와 8년 후 지오 부모님의 나이의 합과 차를 구해 봅시다. (단, 아버지가 어머니보다 나이가 많습니다.)

❶ 나이의 합이 76이 되도록 표를 완성한 후, 나이의 차가 4인 경우를 찾아 그때 아버지와 어머니의 나이를 쓰시오. 아버지 40살, 어머니 36살

아버지의 나이	38	39	40	41	42
어머니의 나이	38	37	36	35	34
나이의 차	0	2	4	6	8

❷ 4년 전 부모님의 나이가 ❶과 같을 때, 다음 표를 완성하시오.

	4년 전	올해	8년 후
아버지의 나이	40	44	52
어머니의 나이	36	40	48
나이의 합	76	84	100
나이의 차	4	4	4

올해와 8년 후 나이의 합과 차 중 변하는 것과 변하지 않는 것은 무엇입니까?
합은 변하고, 차는 변하지 않습니다.

[나이의 차]

1 아인이는 9살이고 아인이네 반 선생님은 48살입니다. 30년 후 선생님은 아인이보다 몇 살 더 많은지 구하시오. 39살

두 사람의 나이 차는 언제나 변하지 않으므로 30년 후에도 선생님은 아인이보다 48−9=39(살) 많습니다.

[나이의 합과 차]

2 올해 태경이와 동생 태돌이의 나이의 합은 20이고, 나이의 차는 2입니다. 5년 후 두 사람의 나이의 합과 차를 각각 구하시오. 합: 30, 차: 2

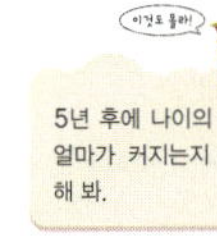

나이의 차는 변하지 않으므로 2입니다.
□년 후 나이의 합은 (□×2)만큼 커지므로 5년 후 나이의 합은 5×2=10만큼 커집니다. 따라서 5년 후 나이의 합은 30입니다.

가족의 나이

지오 어머니의 나이가 오빠 나이의 2배가 되는 때는 언제인지 알아봅시다.

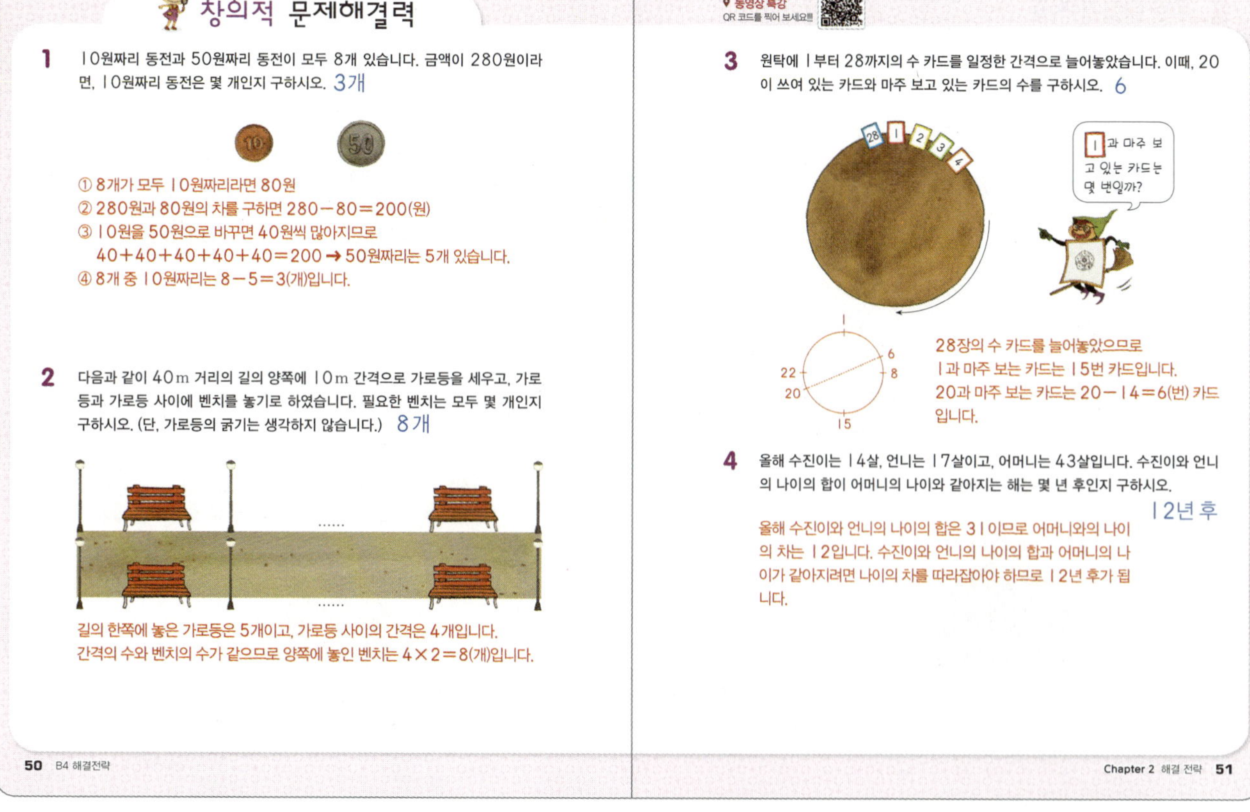

❶ 어머니와 오빠의 나이의 차를 구하시오. 28
40－12＝28

❷ 어머니가 오빠 나이의 2배가 되는 해의 두 사람의 나이의 차를 구하시오. 28
두 사람의 나이 차는 언제나 같은 28입니다.

❸ 어머니가 오빠 나이의 2배가 되는 해의 두 사람의 나이를 그림으로 나타낸 것입니다. □ 안에 알맞은 수를 써넣으시오.

❹ 어머니가 오빠 나이의 2배가 되는 해의 어머니와 오빠의 나이를 각각 쓰시오.
어머니 56살, 오빠 28살
오빠가 28살일 때 어머니가 오빠 나이의 2배가 됩니다. 28－12＝16이므로 이때 어머니의 나이는 40＋16＝56(살)입니다.

[나이가 6배]

1 태돌이는 5살, 어머니는 35살입니다. 어머니의 나이가 태돌이 나이의 6배가 되는 것은 태돌이가 몇 살 때입니까? 6살

어머니와 태돌이의 나이 차는 35－5＝30입니다.
어머니의 나이가 태돌이 나이의 6배가 되는 해의 두 사람의 나이를 그림으로 나타내면 다음과 같습니다.

[삼촌의 나이]

2 지오 오빠는 12살이고 삼촌은 32살입니다. 삼촌의 나이가 오빠 나이의 2배가 되는 해의 삼촌의 나이를 구하시오. 40살

창의적 문제해결력

1 10원짜리 동전과 50원짜리 동전이 모두 8개 있습니다. 금액이 280원이라면, 10원짜리 동전은 몇 개인지 구하시오. 3개

① 8개가 모두 10원짜리라면 80원
② 280원과 80원의 차를 구하면 280－80＝200(원)
③ 10원을 50원으로 바꾸면 40원씩 많아지므로
40＋40＋40＋40＋40＝200 → 50원짜리는 5개 있습니다.
④ 8개 중 10원짜리는 8－5＝3(개)입니다.

2 다음과 같이 40 m 거리의 길의 양쪽에 10 m 간격으로 가로등을 세우고, 가로등과 가로등 사이에 벤치를 놓기로 하였습니다. 필요한 벤치는 모두 몇 개인지 구하시오. (단, 가로등의 굵기는 생각하지 않습니다.) 8개

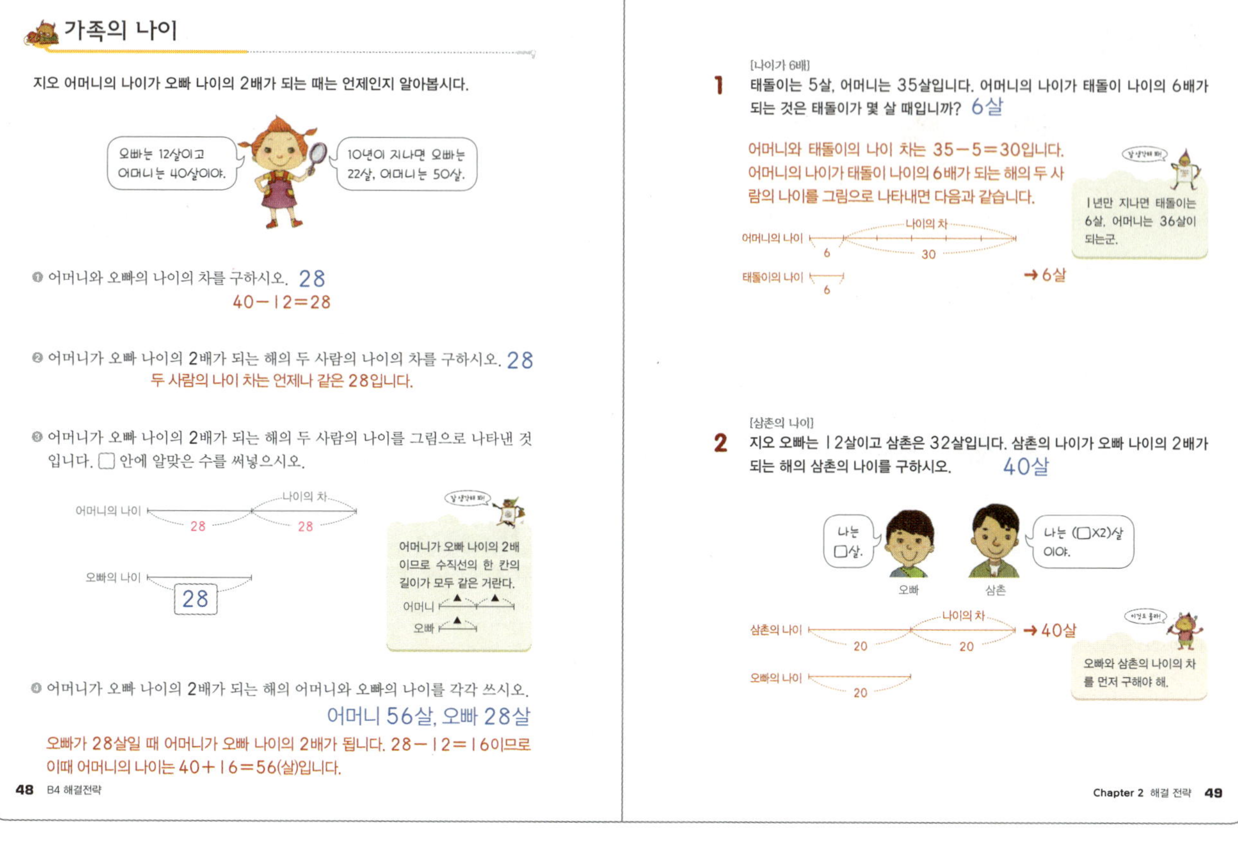

길의 한쪽에 놓은 가로등은 5개이고, 가로등 사이의 간격은 4개입니다.
간격의 수와 벤치의 수가 같으므로 양쪽에 놓인 벤치는 4×2＝8(개)입니다.

---

3 원탁에 1부터 28까지의 수 카드를 일정한 간격으로 늘어놓았습니다. 이때, 20이 쓰여 있는 카드와 마주 보고 있는 카드의 수를 구하시오. 6

28장의 수 카드를 늘어놓았으므로
1과 마주 보는 카드는 15번 카드입니다.
20과 마주 보는 카드는 20－14＝6(번) 카드입니다.

4 올해 수진이는 14살, 언니는 17살이고, 어머니는 43살입니다. 수진이와 언니의 나이의 합이 어머니의 나이와 같아지는 해는 몇 년 후인지 구하시오.
12년 후

올해 수진이와 언니의 나이의 합은 31이므로 어머니와의 나이의 차는 12입니다. 수진이와 언니의 나이의 합과 어머니의 나이가 같아지려면 나이의 차를 따라잡아야 하므로 12년 후가 됩니다.

정답 및 해설 **11**

동전과 성냥개비

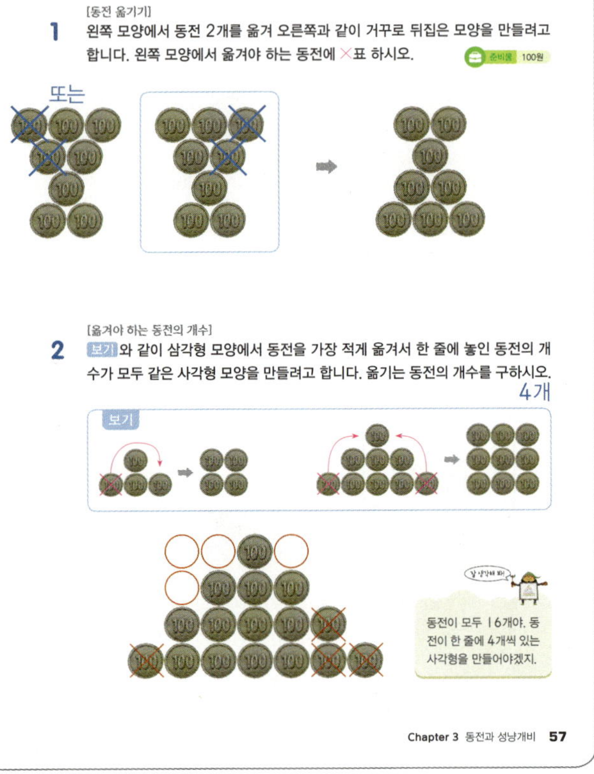

7 동전 퍼즐

우리나라는 현재 10원, 50원, 100원, 500원의 4가지 동전을 사용합니다.

2006년에 새로운 10원짜리 동전이 나왔습니다. 새 동전이 나오기 전에는 50원짜리 동전이 가장 작았지만 현재는 10원짜리 동전이 가장 작습니다.

새 동전   옛날 동전

크기와 무게는 500원, 100원, 50원, 10원짜리 동전의 순서로 크고 무겁습니다. 색깔은 50원, 100원, 500원짜리 동전이 같고 10원짜리 동전은 다릅니다.

현재 일상 생활에서 사용하고 있는 동전들을 하나씩 모아 놓은 것입니다. 모두 얼마인지 구하시오. 660원

$$10+50+100+500=660(원)$$

조건에 맞게 순서대로 ◯ 안에 금액을 써넣으시오.

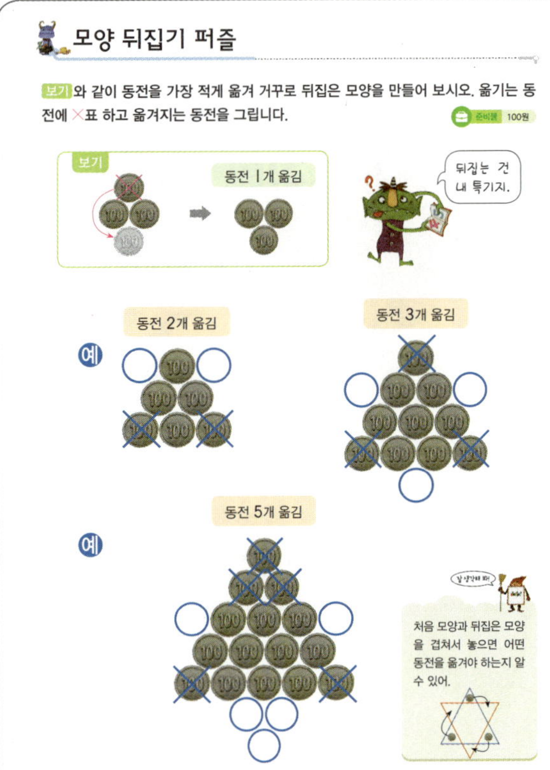

- 세 동전은 모두 110원입니다.
- 두 번째 동전의 크기만 다릅니다.

50　10　50

- 세 동전은 모두 200원입니다.
- 첫 번째와 두 번째 동전의 금액을 더하면 세 번째 동전의 금액과 같습니다.

50　50　100

노크 포인트

동전의 금액, 크기, 무게, 앞면, 뒷면과 동전이 놓여진 모양 등을 이용한 다양한 퍼즐 문제가 있습니다.

① 동전의 금액을 이용한 퍼즐

두 종류의 동전을 가로, 세로의 금액의 합이 모두 같도록 놓기 → 60 → 60 / 60 60

② 동전이 놓여진 모양을 이용한 퍼즐

동전 3개로 삼각형 모양 만들기

모양 뒤집기 퍼즐

보기와 같이 동전을 가장 적게 옮겨 거꾸로 뒤집은 모양을 만들어 보시오. 옮기는 동전에 ×표 하고 옮겨지는 동전을 그립니다.

준비물 100원

보기 → 동전 1개 옮김

동전 2개 옮김　　동전 3개 옮김

예　　예

동전 5개 옮김

예

[동전 옮기기]

1 왼쪽 모양에서 동전 2개를 옮겨 오른쪽과 같이 거꾸로 뒤집은 모양을 만들려고 합니다. 왼쪽 모양에서 옮겨야 하는 동전에 ×표 하시오.

준비물 100원

또는

[옮겨야 하는 동전의 개수]

2 **보기**와 같이 삼각형 모양에서 동전을 가장 적게 옮겨서 한 줄에 놓인 동전의 개수가 모두 같은 사각형 모양을 만들려고 합니다. 옮기는 동전의 개수를 구하시오. 4개

보기

매트릭스 퍼즐

4칸, 16칸짜리 매트릭스 판에 가로, 세로에 놓인 금액의 합이 ▢에 쓰인 수에 맞도록 동전을 놓아 봅시다.

❶ 10원, 50원, 100원, 500원짜리 동전을 각각 1개씩 사용하여 매트릭스를 완성하려고 합니다. 빈칸에 알맞은 동전의 금액을 써넣으시오.

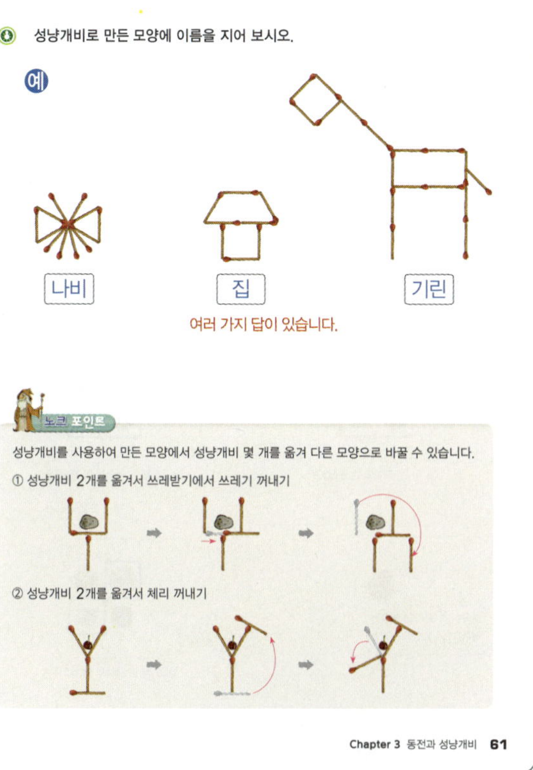

500	100	600
10	50	60
510	150	

500원짜리와 10원짜리 동전을 놓을 칸부터 먼저 찾습니다.

❷ 10원, 50원, 100원, 500원짜리 동전을 각각 4개씩 사용하여 매트릭스를 완성하려고 합니다. 빈칸에 알맞은 동전의 금액을 써넣으시오.

10	50	100	500	660
50	500	10	100	660
500	100	50	10	660
100	10	500	50	660
660	660	660	660	

[금액의 합]

1 10원, 50원, 100원, 500원짜리 동전 4개 중 3개를 사용하여 매트릭스를 완성하려고 합니다. ▢에 쓰인 수가 가로와 세로에 놓인 동전 금액의 합일 때, □ 안에 알맞은 수를 써넣으시오.

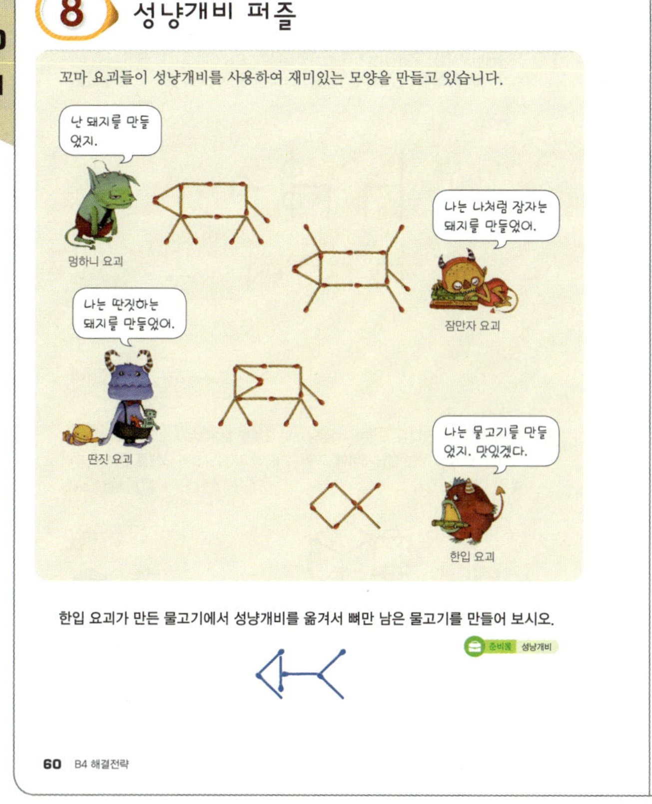

100	50	150
500	500	550
600	100	

[동전의 개수]

2 매트릭스에 놓인 동전의 가로와 세로의 금액의 합이 ▢에 쓰인 수와 같습니다. 매트릭스를 완성할 때 가장 많이 사용된 동전은 무엇입니까? (단, 빈칸에는 동전이 하나씩 모두 들어갑니다.) 50원

50	100	500	650
100	10	50	160
500	10	50	560
650	120	600	

⑧ 성냥개비 퍼즐

꼬마 요괴들이 성냥개비를 사용하여 재미있는 모양을 만들고 있습니다.

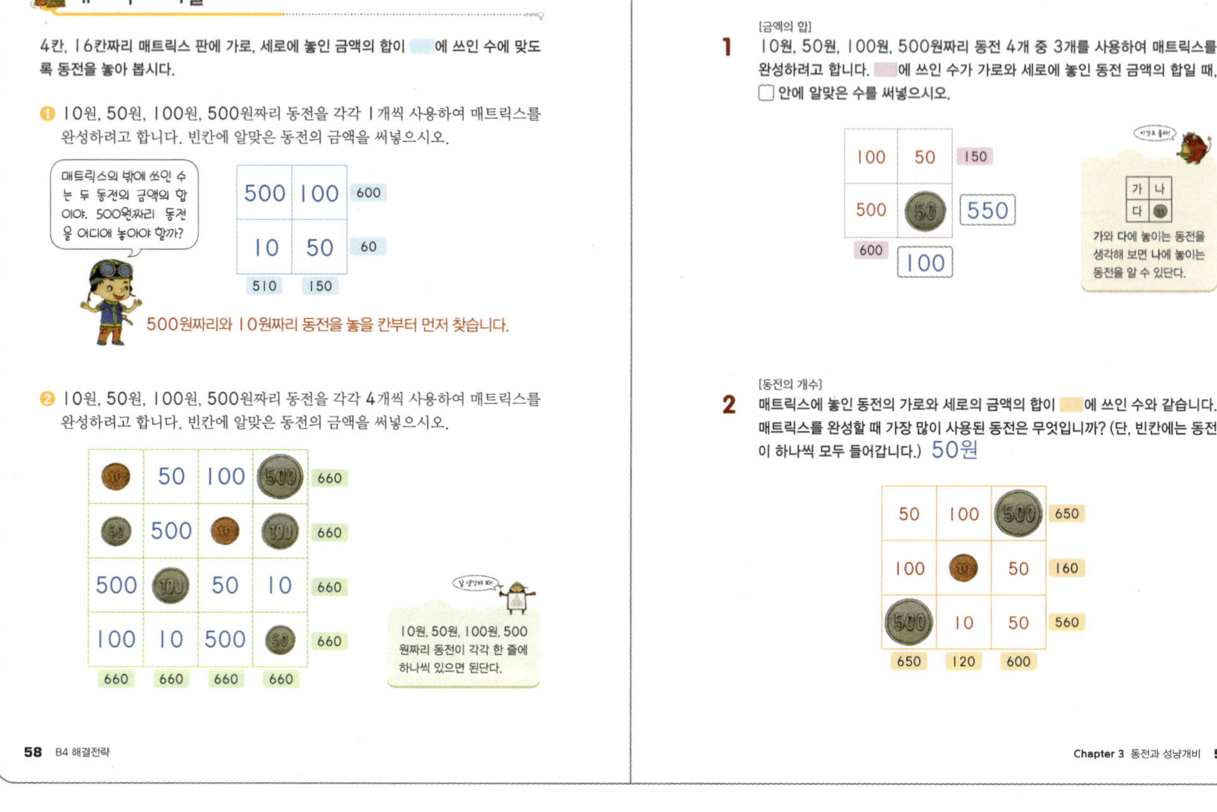

한입 요괴가 만든 물고기에서 성냥개비를 옮겨서 뼈만 남은 물고기를 만들어 보시오.

준비물 성냥개비

성냥개비로 만든 모양에 이름을 지어 보시오.

예

나비 | 집 | 기린

여러 가지 답이 있습니다.

노크 포인트

성냥개비를 사용하여 만든 모양에서 성냥개비 몇 개를 옮겨 다른 모양으로 바꿀 수 있습니다.

① 성냥개비 2개를 옮겨서 쓰레받기에서 쓰레기 꺼내기

② 성냥개비 2개를 옮겨서 체리 꺼내기

정답 및 해설 **13**

방향을 바꾸어요

성냥개비를 사용하여 만든 모양에서 성냥개비를 옮겨 모양의 방향을 뒤집어 봅시다.

준비물 성냥개비

① 성냥개비 2개를 옮겨 햇빛이 잘 드는 집으로 바꾸려고 합니다. 왼쪽 집에서 옮겨야 하는 성냥개비에 ◯표 하시오.

② 성냥개비를 4개 옮겨서 배의 위 아래가 뒤집어진 모양으로 바꾸려고 합니다. ◯표 한 성냥개비를 옮겨 오른쪽 배 모양을 만들어 보시오.

③ 성냥개비 2개를 옮겨 의자를 똑바로 세운 모양으로 만들려고 합니다. ◯표 한 성냥개비를 옮겨 완성한 의자를 오른쪽에 그려 넣으시오.

[방향 바꾼 물고기]

1 성냥개비 3개를 옮겨 물고기가 반대 방향을 보도록 할 때, 왼쪽에서 옮겨야 하는 성냥개비에 모두 ◯표 하시오.

준비물 성냥개비

또는

[거꾸로 된 산]

2 성냥개비 9개로 만든 산 모양 3개에서 성냥개비 4개를 옮겨 거꾸로 된 산 모양 3개로 바꾸었습니다. 왼쪽에서 옮긴 성냥개비에 ✕표 하시오.

준비물 성냥개비

또는

변신 성냥개비 퍼즐

성냥개비로 만든 모양에서 정해진 개수의 성냥개비를 옮겨 조건에 맞는 모양을 만들어 보시오.

준비물 성냥개비

❶

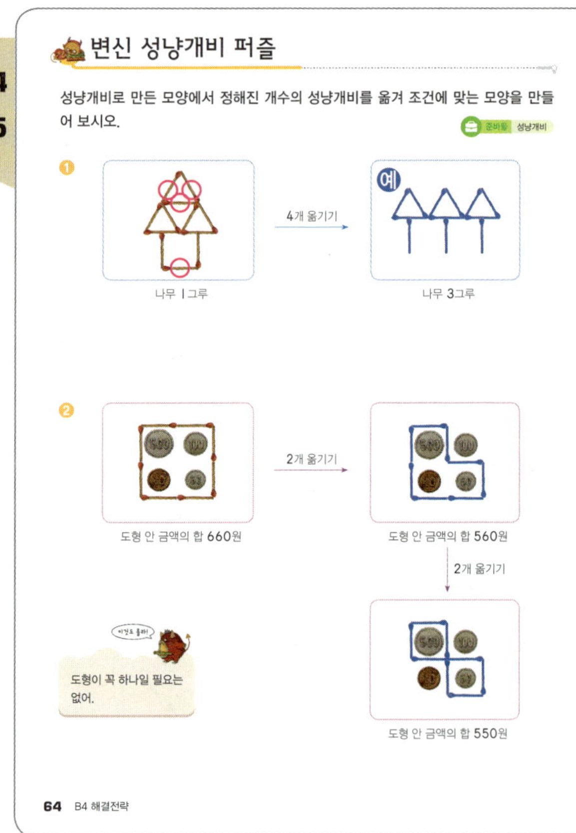

❷

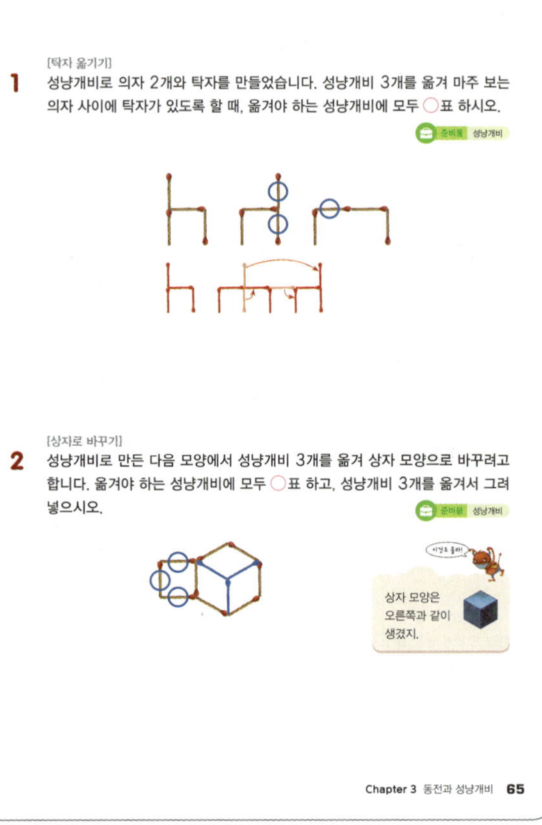

[탁자 옮기기]

1 성냥개비로 의자 2개와 탁자를 만들었습니다. 성냥개비 3개를 옮겨 마주 보는 의자 사이에 탁자가 있도록 할 때, 옮겨야 하는 성냥개비에 모두 ◯표 하시오.

준비물 성냥개비

[상자로 바꾸기]

2 성냥개비로 만든 다음 모양에서 성냥개비 3개를 옮겨 상자 모양으로 바꾸려고 합니다. 옮겨야 하는 성냥개비에 모두 ◯표 하고, 성냥개비 3개를 옮겨서 그려 넣으시오.

준비물 성냥개비

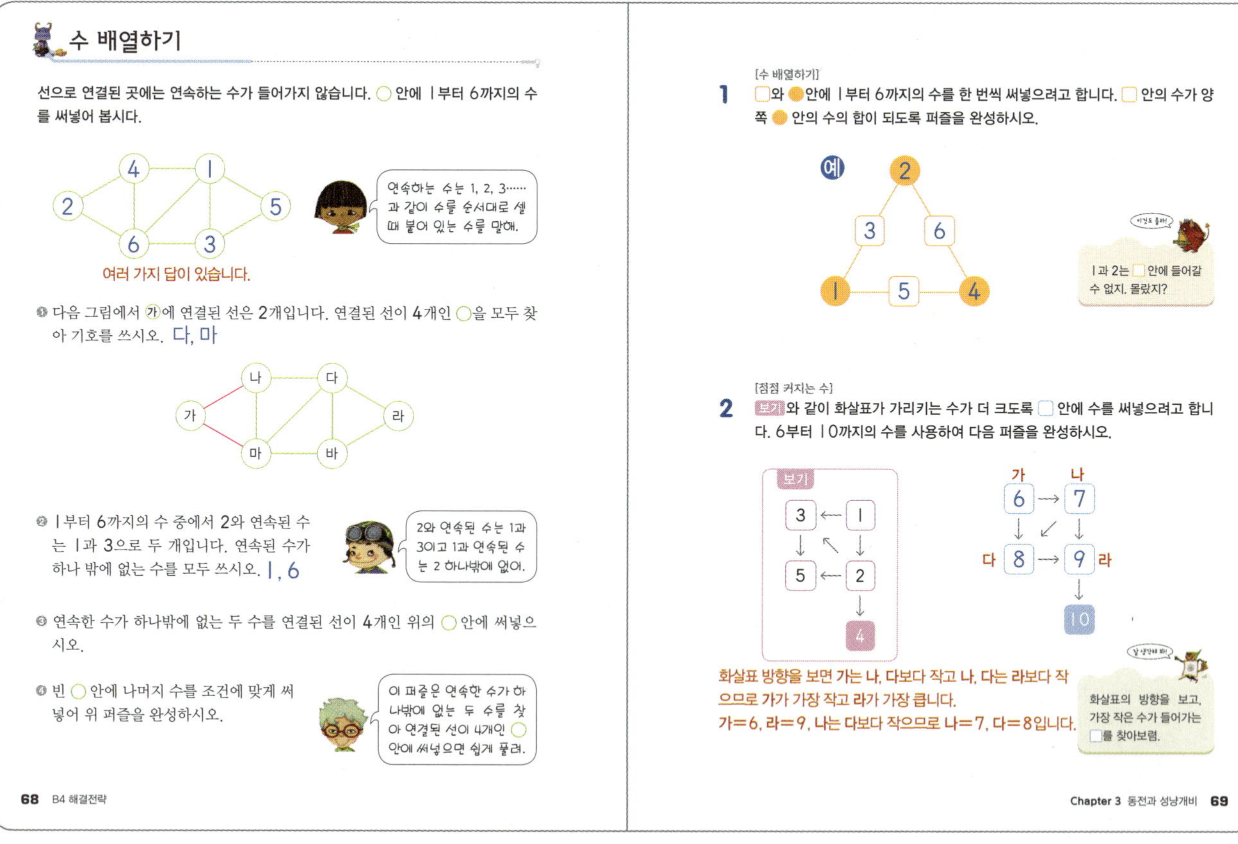

9 수 배열 퍼즐

다음은 1과 1 사이에는 수 1개, 2와 2 사이에는 수 2개, 3과 3 사이에는 수 3개, 4와 4 사이에는 수 4개가 있는 수 배열입니다.

이와 같이 1부터 어떤 수까지 각각 2개씩 있을 때 같은 두 수 사이에 그 수만큼 수가 오는 문제를 스코틀랜드의 수학자 랭퍼드의 이름을 따서 랭퍼드 문제라고 합니다.

1부터 3까지의 수 카드를 두 장씩 사용하여 1과 1 사이에는 수가 한 개, 2와 2 사이에는 수가 두 개, 3과 3 사이에는 수가 세 개 들어가도록 놓아 보시오.

준비물 숫자 카드

3을 먼저 넣어 봅니다.
① 3 □ □ □ 3 의 경우 2를 먼저 넣은 후 1을 넣습니다.
→ 3 1 2 1 3 2
② □ 3 □ □ □ 3 의 경우 2를 먼저 넣은 후 1을 넣습니다.
→ 2 3 1 2 1 3

❶ 1부터 4까지의 숫자 카드 2장씩을 사용하여 랭퍼드 수 배열을 만들어 보려고 합니다. 가장 큰 수인 4를 다음과 같이 써넣었습니다. 나머지 6개의 수를 넣어 랭퍼드 수 배열을 완성하시오.

준비물 숫자 카드

3을 먼저 넣어 봅니다.
① 3 □ 4 3 □ □ 4 의 경우
   1과 2를 조건에 맞게 넣을 수 없습니다.
② □ 3 4 □ □ 3 □ 4 의 경우
   2 3 4 2 1 3 1 4 로 1과 2를 조건에 맞게 넣을 수 있습니다.

노크 포인트

랭퍼드 문제에서 수가 클수록 수를 넣을 수 있는 방법이 적어지므로 큰 수부터 넣는 것이 문제를 쉽게 해결할 수 있습니다.

수 배열하기

선으로 연결된 곳에는 연속하는 수가 들어가지 않습니다. ◯ 안에 1부터 6까지의 수를 써넣어 봅시다.

❶ 다음 그림에서 가에 연결된 선은 2개입니다. 연결된 선이 4개인 ◯을 모두 찾아 기호를 쓰시오. 다, 마

❷ 1부터 6까지의 수 중에서 2와 연속된 수는 1과 3으로 두 개입니다. 연속된 수가 하나 밖에 없는 수를 모두 쓰시오. 1, 6

❸ 연속한 수가 하나밖에 없는 두 수를 연결된 선이 4개인 위의 ◯ 안에 써넣으시오.

❹ 빈 ◯ 안에 나머지 수를 조건에 맞게 써넣어 위 퍼즐을 완성하시오.

[수 배열하기]

1 □와 ◯ 안에 1부터 6까지의 수를 한 번씩 써넣으려고 합니다. □ 안의 수가 양쪽 ◯ 안의 수의 합이 되도록 퍼즐을 완성하시오.

[점점 커지는 수]

2 보기 와 같이 화살표가 가리키는 수가 더 크도록 □ 안에 수를 써넣으려고 합니다. 6부터 10까지의 수를 사용하여 다음 퍼즐을 완성하시오.

화살표 방향을 보면 가는 나, 다보다 작고 나, 다는 라보다 작으므로 가가 가장 작고 라가 가장 큽니다.
가=6, 라=9, 나는 다보다 작으므로 나=7, 다=8입니다.

🐚 조건에 맞게 수 넣기

숫자 카드 5장을 다음과 같이 놓고, 수 사이에 있는 수들의 합을 구했습니다.

준비물 숫자 카드

2 3 1 4 5

· 2와 4 사이에 있는 수들의 합은 4입니다.
· 3과 5 사이에 있는 수들의 합은 5입니다.

숫자 카드를 섞어서 다시 놓은 다음, 수 사이에 있는 수들의 합을 구했습니다.

· 2와 5 사이에 있는 수들의 합은 7입니다.
· 1과 3 사이에 있는 수들의 합은 9입니다.

뒤집혀진 숫자 카드에 적힌 수를 알아봅시다.

❶ 2와 5 사이에 있는 수들의 합이 7이 되도록 빈칸에 알맞은 수를 써넣으시오.

2 3 4 5

2 4 3 5

2 3 4 5

2 4 3 5

2와 5 사이에 있는 수들
의 합이 7이니 3, 4
카드가 들어가겠군.

❷ 위 ❶에서 나머지 한 칸에 숫자 1을 써넣어 1과 3 사이에 있는 수들의 합이 9가 되는 것을 찾아 뒤집혀진 숫자 카드의 수를 적어 보시오.

또는

2 3 4 5 1

1 5 4 3 2

[조건에 맞게 수 넣기]

1 다음 조건에 모두 맞도록 2부터 5까지의 수를 한 번씩 써넣으시오.

· 3과 4 사이에 있는 수의 합은 7입니다.
· 2와 3 사이에 있는 수는 5입니다.

합이 7이 되는 두 수를 먼저 찾아보렴.

3 5 2 4

또는 4 2 5 3

첫 번째 조건에 의해 3과 4 사이에 2와 5가 있습니다. 두 번째 조건에 의해 2와 3 사이에 5가 있습니다. → 3 5 2 4 또는 4 2 5 3

[선을 이은 수의 합]

2 오른쪽 조건에 모두 맞도록 1부터 7까지의 수를 ◯ 안에 한 번씩 써넣어 다음 퍼즐을 완성하시오.

4

5   1   2

7   3   6

16   4   8

· ▨ 안의 수는 선으로 연결된 ◯ 안의 수의 합입니다.
· ◯ 안의 수는 위에서부터 작은 수가 들어갑니다.

서로 다른 두 수의 합이 4가 되는 경우는 1과 3뿐입니다. 합이 16인 세 수 중 한 수를 7이라 하면 남은 두 수의 합은 16−7=9이고 이를 만족하는 수는 2, 4, 5, 6 중 4와 5뿐입니다. 남은 두 수의 합이 2+6=8로 조건을 모두 만족합니다.

🐝 창의적 문제해결력

1 1부터 7까지의 수 6개의 수를 골라 한 번씩만 사용하여 다음 퍼즐을 완성하려고 합니다. ▨ 안의 수는 위 두 수의 합이고, 두 수 중 더 큰 수가 아래 ◯ 안에 들어갑니다. ◯ 안에 알맞은 수를 써넣으시오.

3   1   2

6   7   4

9   8   6

두 수의 합이 6이 되는 경우는 1과 5, 2와 4입니다. 1과 5로 퍼즐을 풀면 2와 6으로 8을 만들 수 있지만 나머지 수로 9를 만들 수 없습니다.

2 10원, 50원, 100원, 500원짜리 동전 중 다음 조건에 맞게 동전 6개를 놓으려고 합니다. 빈 곳에 알맞은 금액을 써넣으시오.

10

50   100

500   50

10

· 금액을 모두 더하면 720원입니다.
· ◯자리에는 색이 다른 동전이 놓입니다.
· 500원 옆에는 10원과 50원이 있습니다.

금액의 합이 720원이므로 필요한 동전은 500원 1개, 100원 1개, 50원 2개, 10원 2개입니다. ◯자리에 10을 놓고, 세 번째 조건에 맞게 500원과 50원을 놓습니다.

📹 동영상 특강
QR 코드를 찍어 보세요!📲

3 보기 와 같이 성냥개비를 옮겨서 뒤집은 모양을 만들려고 합니다. 성냥개비를 가장 적게 옮겨서 오른쪽 모양을 위아래로 뒤집으려고 합니다. 성냥개비를 몇 개 옮겨야 합니까? **6개**

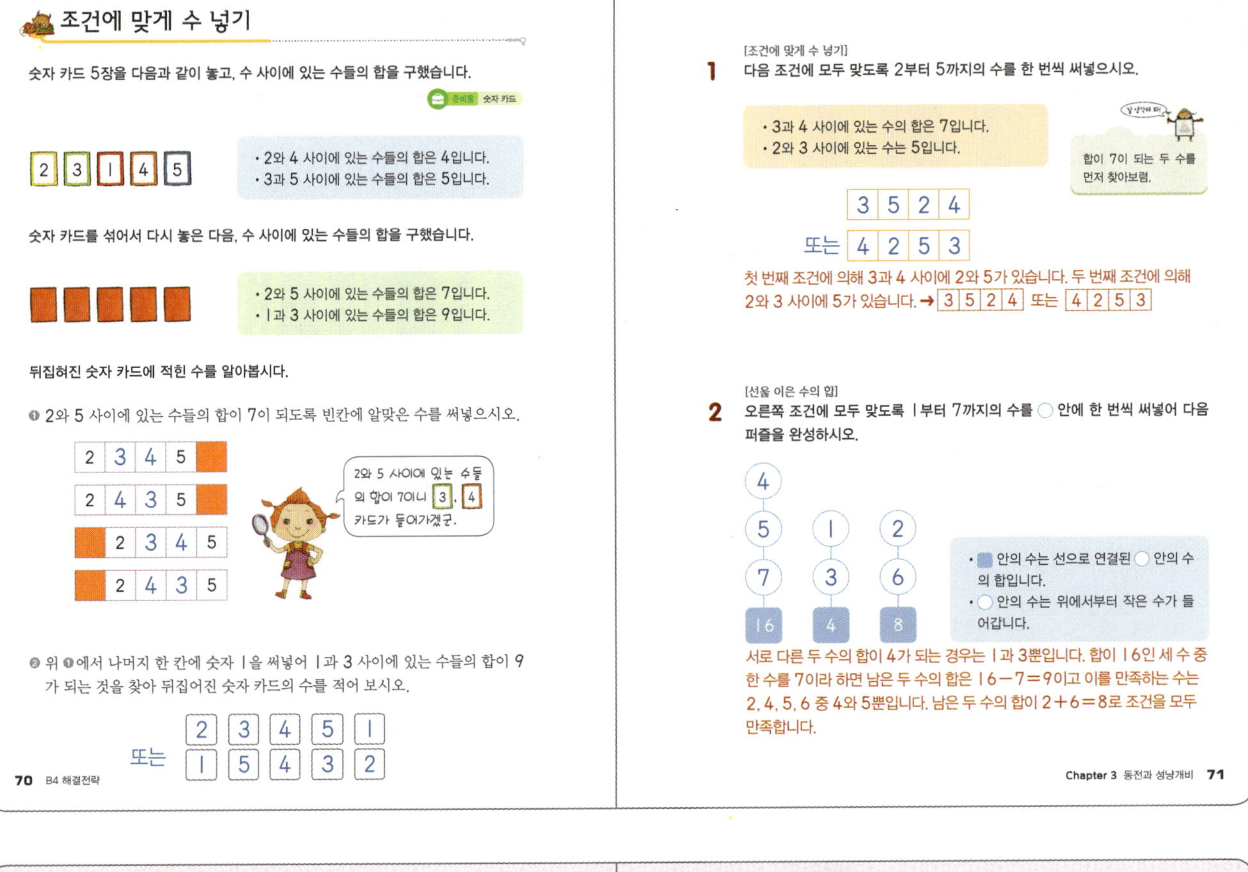

보기

4 1부터 8까지의 수를 한 번씩 사용하여 다음 퍼즐을 완성하려고 합니다. 연결된 곳에 이웃하는 수가 들어가지 않도록 ▢ 안에 알맞은 수를 써넣으시오.

예

3   5

7   1   8   2

4   6

여러 가지 답이 있습니다.
가장 많은 선이 연결된 곳에 이웃하는 수가 가장 적은 1과 8을 넣어야 합니다.

---

16   B4 해결전략

⑩ 거꾸로 해결하기

꼬마 요괴들이 주고받은 구슬의 수와 현재 가지고 있는 구슬의 수를 이야기하고 있습니다. 대화를 보고 각 요괴가 처음 가지고 있던 구슬의 수를 구하시오.

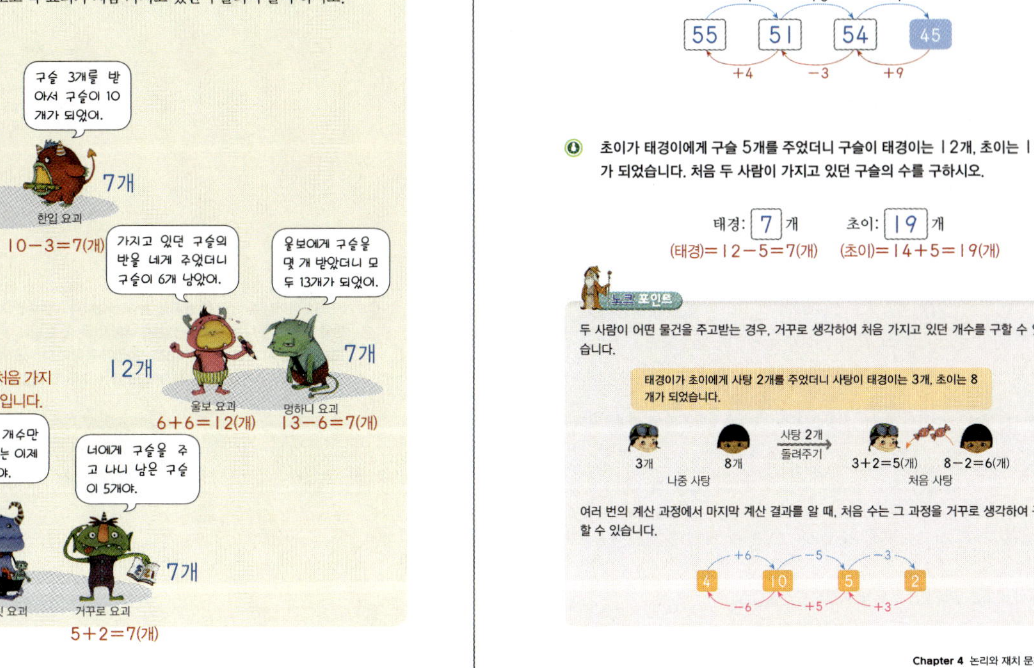

❶ ☐ 안에 알맞은 수를 써넣으시오.

$$55 \xrightarrow[+4]{-4} 51 \xrightarrow[-3]{+3} 54 \xrightarrow[+9]{-9} 45$$

❷ 초이가 태경이에게 구슬 5개를 주었더니 구슬이 태경이는 12개, 초이는 14개가 되었습니다. 처음 두 사람이 가지고 있던 구슬의 수를 구하시오.

태경: ☐7☐ 개   초이: ☐19☐ 개

(태경)=12-5=7(개)   (초이)=14+5=19(개)

독코 포인트

두 사람이 어떤 물건을 주고받는 경우, 거꾸로 생각하여 처음 가지고 있던 개수를 구할 수 있습니다.

> 태경이가 초이에게 사탕 2개를 주었더니 사탕이 태경이는 3개, 초이는 8개가 되었습니다.
>
> 3개   8개 →사탕 2개 돌려주기→ 3+2=5(개)   8-2=6(개)
> 나중 사탕   처음 사탕

여러 번의 계산 과정에서 마지막 계산 결과를 알 때, 처음 수는 그 과정을 거꾸로 생각하여 구할 수 있습니다.

$$4 \xrightarrow[-6]{+6} 10 \xrightarrow[+5]{-5} 5 \xrightarrow[+3]{-3} 2$$

주고받기

태경이와 아인이는 바다에서 조개를 잡았습니다. 태경이는 아인이에게 아인이가 잡은 개수만큼 자신의 조개를 주었습니다. 그 후 아인이가 조개 5개를 놓아주어 두 사람 모두 조개를 9개씩 가지게 되었습니다. 두 사람이 처음에 잡았던 조개의 수를 각각 구하시오.

❶ 두 사람이 가지고 있던 조개의 수를 표로 나타내었습니다. 조개 5개를 놓아주기 전 태경이와 아인이가 가지고 있던 조개의 수를 각각 구해 ㉠, ㉡칸에 써넣으시오.

	태경	아인
처음 잡은 조개의 수	16	7
태경이가 준 다음 조개의 수	㉠ 9	㉡ 14
조개를 놓아준 후의 조개의 수	9	9

태경: 조개를 놓아주는 것과 상관없으므로 변함없이 9개입니다.
아인: 9+5=14(개)

❷ 태경이는 아인이가 처음 가지고 있던 개수만큼 조개를 주었습니다. 아인이가 태경이에게 받은 조개의 수를 구하시오. **7개**

가지고 있던 개수만큼을 받았으므로 현재 개수의 반인 7개를 받은 것입니다.

❸ 위의 표를 완성하고 처음 두 사람이 잡았던 조개의 수를 각각 구하시오.

태경: ☐16☐ 개   아인: ☐7☐ 개

(태경)=9+7=16(개)   (아인)=14-7=7(개)

[옥수수의 개수]

1 초이네 할머니께서 옥수수를 보내 주셨습니다. 보내 주신 옥수수를 첫째 날 7개를 먹고 둘째 날은 첫째 날보다 3개를 더 먹었더니 남은 옥수수는 14개가 되었습니다. 할머니께서 보내 주신 옥수수는 몇 개입니까? **31개**

(둘째 날 먹은 옥수수 개수)=7+3=10(개)

$$31 \xrightarrow[+7]{-7} 24 \xrightarrow[+10]{-10} 14$$

[여학생]

2 지오네 반에 여학생 4명과 남학생 2명이 전학을 가고 남학생 4명과 여학생 2명이 전학을 와서 남학생과 여학생의 수가 같아졌습니다. 전학 온 후 지오네 반 학생이 30명일 때, 처음 지오네 반 여학생이 모두 몇 명입니까? **17명**

전학을 가고 오고 난 후 남학생과 여학생의 수가 같아졌으므로 모두 15명씩입니다.

$$17 \xrightarrow[+4]{-4} 13 \xrightarrow[-2]{+2} 15$$

🦃 전체 구하기

초이는 3일 동안 동화책 한 권을 읽었습니다. 첫째 날 전체의 절반을 읽었고, 둘째 날 나머지의 절반을 읽었습니다. 셋째 날에는 남은 20쪽을 모두 읽었습니다. 초이가 읽은 동화책은 모두 몇 쪽인지 구하시오.

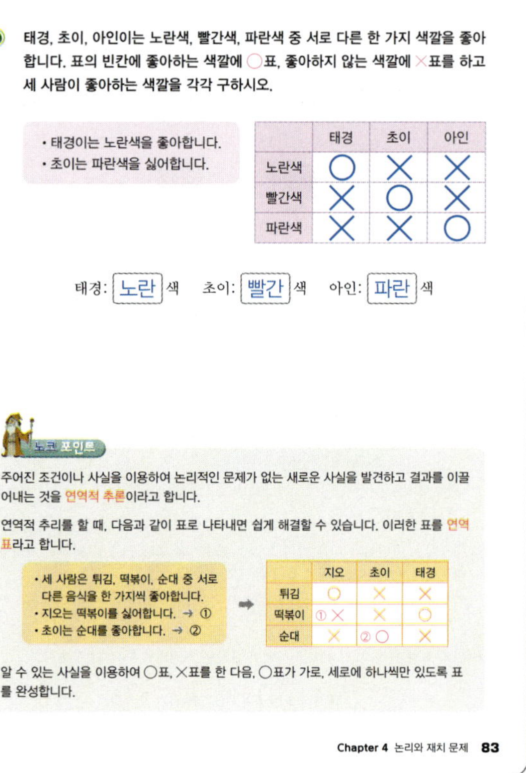

❶ 초이는 둘째 날 나머지의 절반을 읽고, 셋째 날 남은 20쪽을 읽었습니다. 둘째 날 몇 쪽을 읽었는지 ☐ 안에 알맞은 수를 써넣으시오.

둘째 날 · 셋째 날

| 20 | 쪽 20쪽

둘재 날과 셋째 날 읽은 양이 같으므로 ☐=20입니다.

❷ 초이는 첫째 날 전체의 절반을 읽었습니다. ☐ 안에 알맞은 수를 써넣으시오.

첫째 날 · 둘째 날 · 셋째 날

| 40 | 쪽 | 40 | 쪽

20+20=40(쪽)

❸ 초이가 읽은 동화책은 모두 몇 쪽입니까? 80쪽

40+40=80(쪽)

[청소]

1 아인이네 모둠 학생들이 모두 모여 청소를 합니다. 2명은 정리를 하고, 나머지 학생의 절반은 바닥을 쓸기로 하였습니다. 남은 학생 3명이 창문을 닦기로 하였다면, 아인이네 모둠은 모두 몇 명입니까? 8명

바닥 · 창문 → 정리 · 바닥 · 창문 → 8명
3명   3명   2명   6명

[귤 먹기]

2 지오네 어머니께서 귤 한 상자를 사 오셨습니다. 어머니께서는 귤 한 상자 중 절반을 이웃에게 나누어 주셨습니다. 나머지 귤 중 절반은 부모님께서 드셨고, 부모님께서 드시고 남은 귤을 지오와 동생이 똑같이 나누어 먹었습니다. 지오가 먹은 귤이 모두 5개일 때, 한 상자에 든 귤은 모두 몇 개입니까? 40개

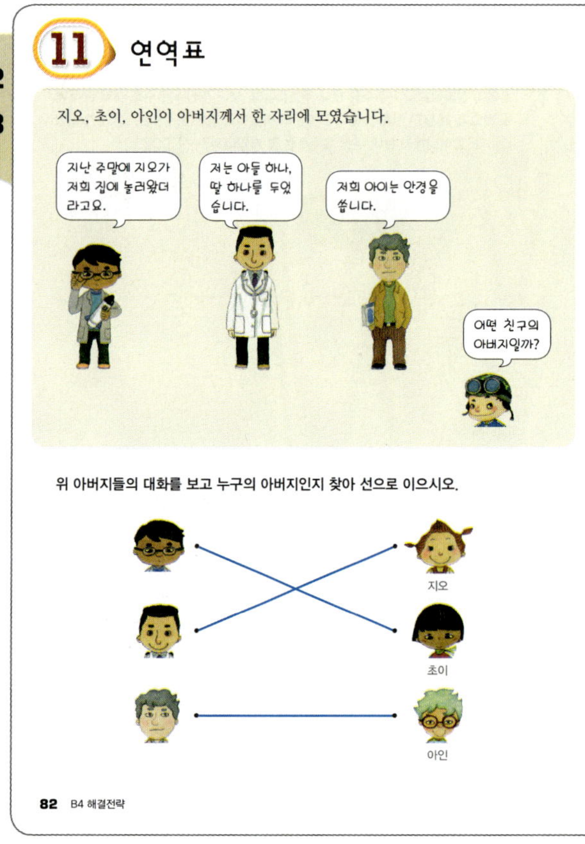

지오 · 동생
5개   5개

지오 · 동생 · 부모님
10개   10개

지오 · 동생 · 부모님 · 이웃
20개   20개 → 40개

---

⑪ 연역표

지오, 초이, 아인이 아버지께서 한 자리에 모였습니다.

위 아버지들의 대화를 보고 누구의 아버지인지 찾아 선으로 이으시오.

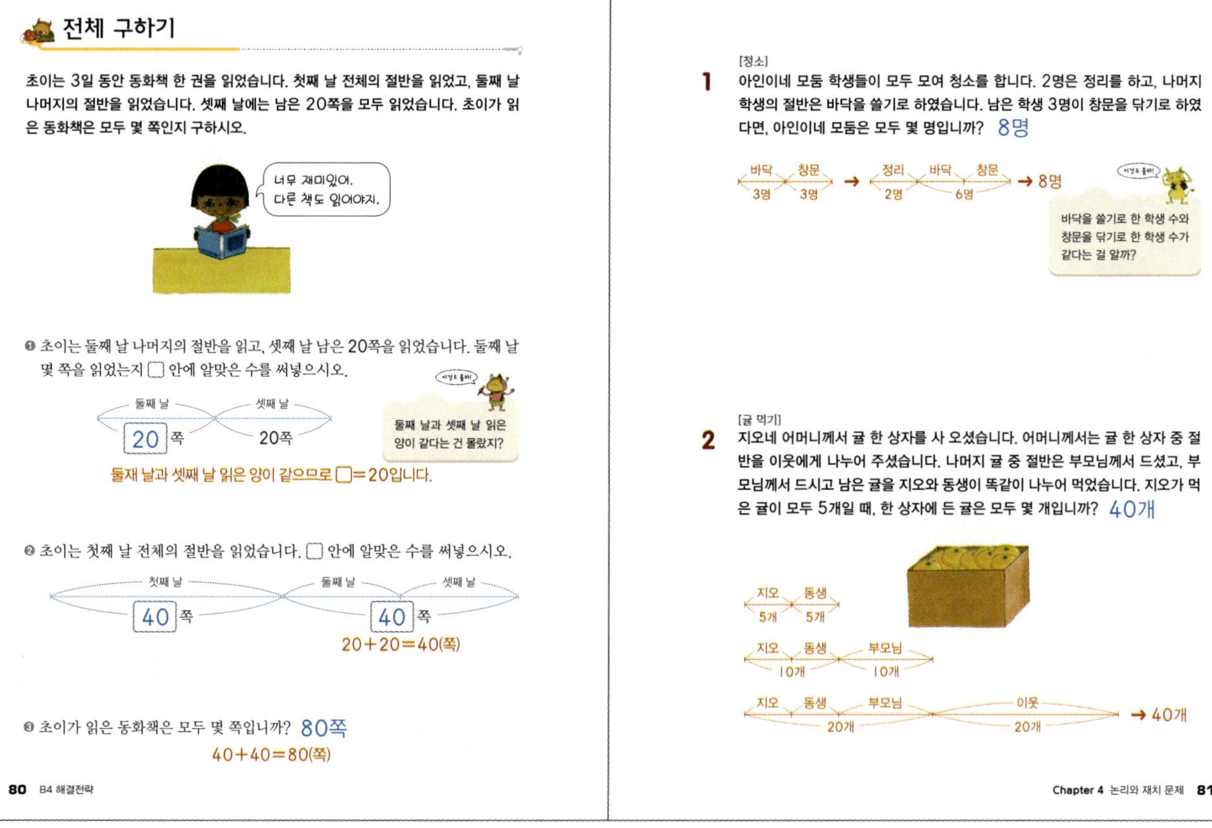

🔵 태경, 초이, 아인이는 노란색, 빨간색, 파란색 중 서로 다른 한 가지 색깔을 좋아합니다. 표의 빈칸에 좋아하는 색깔에 〇표, 좋아하지 않는 색깔에 ✕표를 하고 세 사람이 좋아하는 색깔을 각각 구하시오.

• 태경이는 노란색을 좋아합니다.
• 초이는 파란색을 싫어합니다.

	태경	초이	아인
노란색	〇	✕	✕
빨간색	✕	〇	✕
파란색	✕	✕	〇

태경: 노란 색 초이: 빨간 색 아인: 파란 색

🧙 체크 포인트

주어진 조건이나 사실을 이용하여 논리적인 문제가 없는 새로운 사실을 발견하고 결과를 이끌어내는 것을 연역적 추론이라고 합니다.

연역적 추리를 할 때, 다음과 같이 표로 나타내면 쉽게 해결할 수 있습니다. 이러한 표를 연역표라고 합니다.

• 세 사람은 튀김, 떡볶이, 순대 중 서로 다른 음식을 한 가지씩 좋아합니다.
• 지오는 떡볶이를 싫어합니다. → ①
• 초이는 순대를 좋아합니다. → ②

	지오	초이	태경
튀김	〇	✕	
떡볶이	①✕		〇
순대	✕	②〇	✕

알 수 있는 사실을 이용하여 〇표, ✕표를 한 다음, 〇표가 가로, 세로에 하나씩만 있도록 표를 완성합니다.

---

18   B4 해결전략

좋아하는 동물을 찾아요

84 · 85

아인, 지오, 태경이는 원숭이, 사자, 기린 중 서로 다른 한 가지 동물을 좋아합니다. 아인, 지오, 태경이의 이야기를 보고 세 사람이 좋아하는 동물을 각각 구하시오.

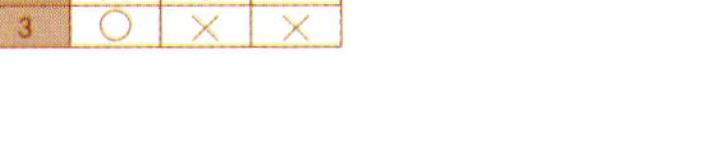

❶ 다음 표에서 아인이가 좋아하는 동물이 아닌 것에 ✕표 하시오.

	아인	지오	태경
원숭이	✕	○	✕
사자	○	②✕	✕
기린	①✕	✕	③○

❷ ❶의 표에 지오가 좋아하지 않는 동물에 ✕표 하시오.

❸ ❶의 표에 태경이가 좋아하는 동물에 ○표 하시오.

❹ ❶의 표의 남은 칸에 ○표와 ✕표를 알맞게 하고, 세 사람이 좋아하는 동물을 각각 쓰시오.

아인: 사자　　지오: 원숭이　　태경: 기린

표의 가로, 세로에 ○표가 하나씩만 있도록 빈칸을 채웁니다.

[종아하는 과목]

1 태경, 아인, 초이는 국어, 수학, 미술 중 서로 다른 한 가지 과목을 좋아합니다. 왼쪽 글을 보고 오른쪽 표를 완성하여 아인이가 좋아하는 과목을 구하시오. **국어**

- 초이는 국어를 좋아하지 않습니다.
- 태경이는 미술을 좋아합니다.

	태경	아인	초이
국어	✕	○	✕
수학	✕	✕	○
미술	○	✕	✕

[카드의 숫자]

2 아인, 지오, 초이는 각각 1, 2, 3이 적힌 3장의 카드를 한 장씩 나누어 가졌습니다. 다음을 보고 지오가 가진 카드에 쓰인 숫자를 구하시오. **2**

- 지오는 1이 적힌 카드를 가지고 있지 않습니다.
- 아인이는 지오보다 큰 수를 가지고 있습니다.

	아인	지오	초이
1	✕	✕	○
2	✕	○	✕
3	○	✕	✕

길에서 본 장소

86 · 87

지오, 초이, 태경이의 이야기를 보고 가, 나, 다에 알맞은 가게는 무엇인지 알아보시오.

❶ 표의 색칠된 빈칸에 문구점을 제외한 가게의 이름을 쓰시오.

	가	나	다
제과점	○	✕	✕
약국	✕	✕	○
세탁소	✕	○	✕

제과점, 약국, 세탁소의 순서가 바뀌어도 됩니다.

❷ 태경이의 이야기를 보고 ❶의 표에 **가**에 알맞은 가게를 찾아 ○표 하시오.

❸ 지오의 이야기를 보고 ❶의 표에 **나**에 알맞은 가게를 찾아 ○표 하시오.

❹ ❶의 표의 남은 칸에 ○표와 ✕표를 알맞게 하고 **가, 나, 다**에 알맞은 가게를 각각 쓰시오.

가: 제과점　　나: 세탁소　　다: 약국

[자리 배치]

1 아인, 지오, 태경이의 자리는 ㉠, ㉡, ㉢ 중 하나입니다. 다음을 읽고 ㉡ 자리에 앉는 사람의 이름을 쓰시오. **아인**

- 칠판에서 책상을 바라보았을 때, 민선이 오른쪽에 태경이가 있습니다.
- 앞뒤로 2명씩 짝을 지을 때, 지오는 정아와 짝이 될 수 없습니다.

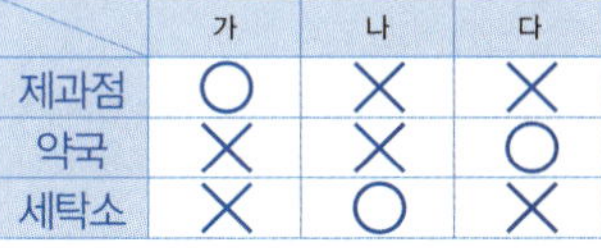

	아인	지오	태경
㉠	✕	✕	○
㉡	○	✕	✕
㉢	✕	○	✕

[대관람차]

2 초이, 태경, 지오는 대관람차의 가, 나, 다 칸에 각각 한 명씩 타고 있습니다. 다음을 보고 태경이가 타고 있는 칸의 기호를 쓰시오. **가**

- 초이가 탄 칸 옆에는 빨간색이 없습니다.
- 세 사람 중 가장 높은 곳에 있는 사람은 태경이가 아닙니다.

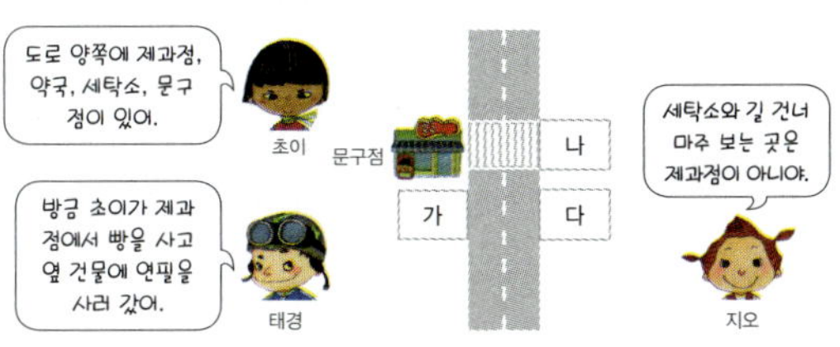

	초이	태경	지오
가	✕	○	✕
나	○	✕	✕
다	✕	✕	○

정답 및 해설　**19**

12 함정이 있는 문제

2046년 5월 5일 대한민국에서 우주 탐사선이 발사되었습니다. 발사된 우주 탐사선은 베타별을 지나 발사된지 10일이 지난 5월 15일에 감마별에 도착하였습니다.

수직선 위에 4일째 되는 날의 우주 탐사선의 위치를 ●으로 표시해 보시오.

베타별을 지나간 날은 몇 월 며칠입니까? 5월 14일

매일 이동한 거리는 그 전날까지 이동한 거리의 합과 같으므로 5월 5일부터 5월 14일까지 이동한 거리와 5월 15일 하루 동안 이동한 거리가 같습니다. 따라서 베타별을 지나간 날은 5월 15일 하루 전인 5월 14일입니다.

---

❶ 1칸부터 시작하여 앞의 2배가 되도록 색칠해 보시오.

❷ 토끼가 0부터 시작하여 앞으로 세 칸을 갔다가 뒤로 한 칸을 갑니다. 토끼가 12를 넘어가는 때는 세 칸씩 앞으로 모두 몇 번 갈 때 입니까? 6번

뚝딱 포인트

다음 두 가지 유형의 문제들은 실수하기 쉽거나 잘 풀리지 않는 함정이 있는 문제들입니다. 좀 더 재치있는 방법으로 문제를 해결할 수 있습니다.

① 달팽이가 우물을 기어오르는 문제
달팽이가 우물 아래에서 낮에는 올라가고 밤에는 미끄러지면서 조금씩 올라갈 때, 우물을 빠져나가는 때는 낮이라는 사실을 잊지 말아야 합니다.

② 개구리밥 번식 문제
어느 연못의 개구리밥이 매일 2배가 되는데 어느 날 연못을 가득 덮었다면 그 전날에는 연못의 절반만 덮고 있습니다.

올라가고 내려가고

달팽이 한 마리가 매일 깊이가 9 m인 우물 벽을 기어오릅니다. 낮에는 4 m를 오르고 밤에는 3 m를 미끄러져 내려간다고 할 때, 우물 바닥에서 출발하여 우물 밖으로 나오는 데 며칠이 걸리는지 알아봅시다.

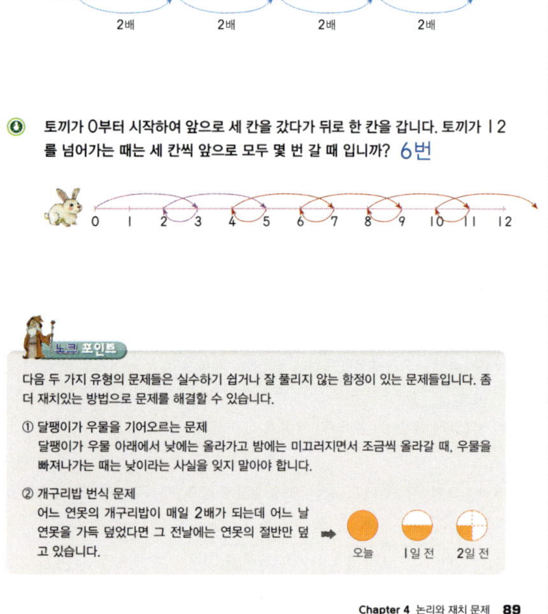

❶ 태경이는 달팽이가 올라가는 데 9일이 걸린다고 생각하였습니다. 태경이의 생각이 옳습니까? 옳지 않다면 그 이유를 쓰시오.

예 옳지 않습니다. 태경이의 계산은 달팽이가 낮에 우물 밖으로 나올 수 있다는 것을 생각하지 않은 것입니다.

❷ 달팽이가 매일 낮과 밤에 있는 높이를 표로 나타낸 것입니다. 표를 완성하시오.

날수	1일	2일	3일	4일	5일	6일
낮의 높이(m)	4	5	6	7	8	9
밤의 높이(m)	1	2	3	4	5	·

6일째 낮에 우물 밖으로 나오므로 6일째 밤에 달팽이는 우물에 있지 않습니다.

❸ 달팽이가 우물을 나오는 데 며칠이 걸립니까? 6일

[달팽이]

1 달팽이 한 마리가 깊이가 26 cm인 구덩이에 빠졌습니다. 이 달팽이는 낮에는 8 cm를 올라왔다가 밤에 5 cm를 미끄러져 내려갑니다. 달팽이가 바닥부터 기어올라와 구덩이를 빠져 나오는 데 며칠이 걸립니까? 7일

날수	1일	2일	3일	4일	5일	6일	7일
낮의 높이(cm)	8	11	14	17	20	23	26
밤의 높이(cm)	3	6	9	12	15	18	·

[나무를 오르는 코알라]

2 코알라가 높이가 13 m인 나무를 기어올라가려고 합니다. 낮에는 5 m를 올라가고 밤에는 자면서 3 m를 미끄러져 내려갑니다. 코알라가 나무 밑에서 나무 끝까지 오르는 데 모두 며칠이 걸립니까? 5일

날수	1일	2일	3일	4일	5일
낮의 높이(m)	5	7	9	11	13
밤의 높이(m)	2	4	6	8	·

🐸 연못 채우기

연못에 있는 개구리밥의 개수는 매일 전날의 2배가 됩니다. 연못에 개구리밥이 1개 있을 때 연못이 7일 만에 가득 찼다면, 똑같은 크기의 연못에 개구리밥이 2개 있을 때는 며칠이 걸려야 연못이 가득 차게 되는지 알아봅시다.

❶ 표를 완성한 후 처음 개구리밥이 1개일 때 7일이 되는 날 개구리밥의 개수를 구하시오. 64개

날수	1일	2일	3일	4일	5일	6일	7일
개구리밥의 개수	1	2	4	8	16	32	64

2배 2배 2배 2배 2배 2배

❷ 연못을 모두 채우려면 개구리밥이 몇 개가 있어야 합니까? 64개

❸ 처음 개구리밥이 2개일 때 표를 완성하시오.

날수	1일	2일	3일	4일	5일	6일	7일
개구리밥의 개수	2	4	8	16	32	64	128

❹ 개구리밥이 2개일 때 연못을 가득 채우는 데 며칠이 걸립니까? 6일
개구리밥이 64개일 때, 연못이 가득 찹니다.
개구리밥이 64개인 날은 6일째입니다.

[마법의 꽃잎]

1 매일 크기가 전날의 2배가 되는 마법의 꽃잎이 있습니다. 마법의 꽃잎 한 장을 넣으면 10일 만에 어항 전체를 덮습니다. 꽃잎 2장을 넣으면 며칠 만에 어항 전체를 덮을 수 있는지 구하시오. 9일

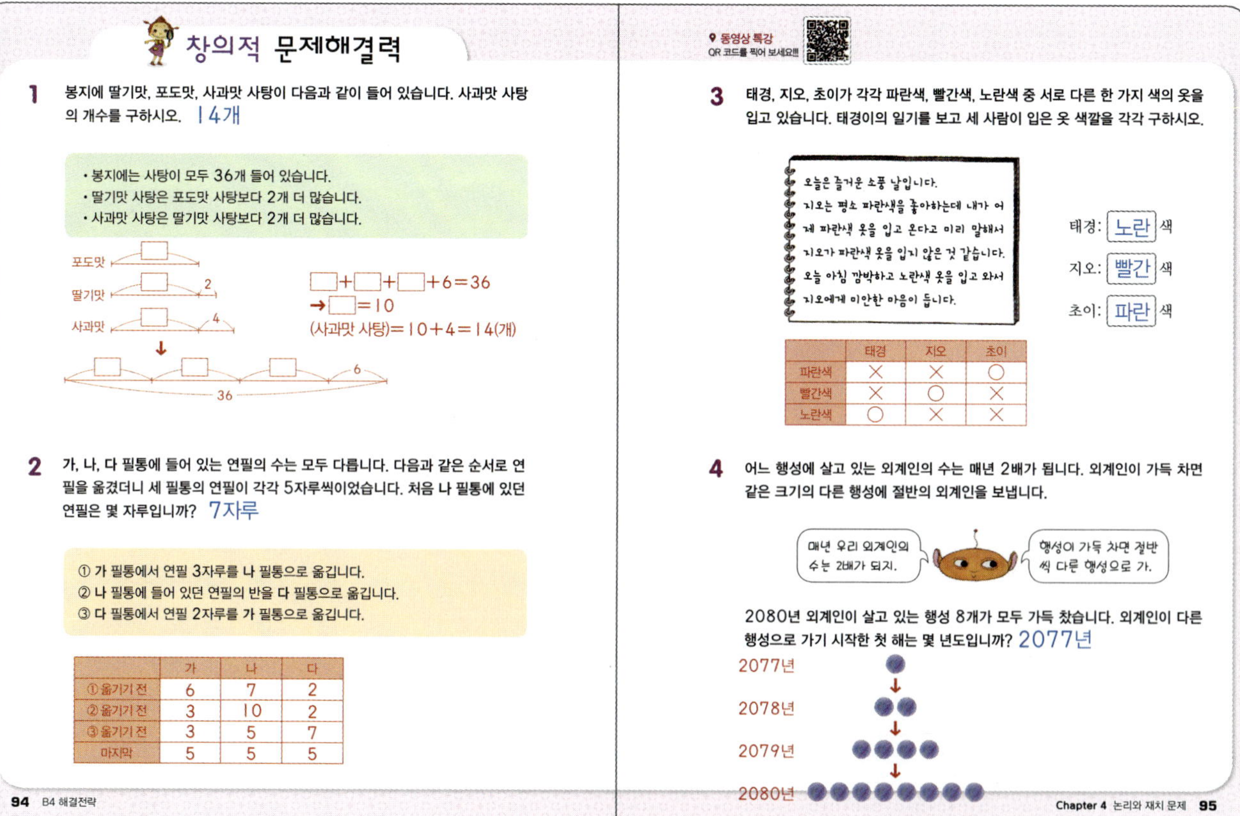

꽃잎 2장을 넣으면, 꽃잎 하나가 어항 전체를 반씩 덮으면 됩니다.
꽃잎은 매일 크기가 전날의 2배가 되므로 반씩 덮는 날은 꽃잎 하나가 전체를 덮기 하루 전날인 9일째입니다.

[세균]

2 어느 날 오후 1시에 미생물 1마리가 있었습니다. 미생물은 1시간마다 수가 2배가 된다고 할 때, 미생물이 모두 128마리가 되는 시각을 구하시오. 오후 8시

시각	1시	2시	3시	4시	5시	6시	7시	8시
미생물 수(마리)	1	2	4	8	16	32	64	128

2배 2배 2배 2배 2배 2배 2배

👧 창의적 문제해결력

1 봉지에 딸기맛, 포도맛, 사과맛 사탕이 다음과 같이 들어 있습니다. 사과맛 사탕의 개수를 구하시오. 14개

- 봉지에는 사탕이 모두 36개 들어 있습니다.
- 딸기맛 사탕은 포도맛 사탕보다 2개 더 많습니다.
- 사과맛 사탕은 딸기맛 사탕보다 2개 더 많습니다.

포도맛
딸기맛 2
사과맛 4

$\square + \square + \square + 6 = 36$
$\rightarrow \square = 10$
(사과맛 사탕)$= 10 + 4 = 14$(개)

36   6

2 가, 나, 다 필통에 들어 있는 연필의 수는 모두 다릅니다. 다음과 같은 순서로 연필을 옮겼더니 세 필통의 연필이 각각 5자루씩이었습니다. 처음 나 필통에 있던 연필은 몇 자루입니까? 7자루

① 가 필통에서 연필 3자루를 나 필통으로 옮깁니다.
② 나 필통에 들어 있던 연필의 반을 다 필통으로 옮깁니다.
③ 다 필통에서 연필 2자루를 가 필통으로 옮깁니다.

	가	나	다
①옮기기 전	6	7	2
②옮기기 전	3	10	2
③옮기기 전	3	5	7
마지막	5	5	5

---

3 태경, 지오, 초이가 각각 파란색, 빨간색, 노란색 중 서로 다른 한 가지 색의 옷을 입고 있습니다. 태경이의 일기를 보고 세 사람이 입은 옷 색깔을 각각 구하시오.

태경: 노란 색
지오: 빨간 색
초이: 파란 색

	태경	지오	초이
파란색	×	×	○
빨간색	×	○	×
노란색	○	×	×

4 어느 행성에 살고 있는 외계인의 수는 매년 2배가 됩니다. 외계인이 가득 차면 같은 크기의 다른 행성에 절반의 외계인을 보냅니다.

2080년 외계인이 살고 있는 행성 8개가 모두 가득 찼습니다. 외계인이 다른 행성으로 가기 시작한 첫 해는 몇 년도입니까? 2077년

2077년
2078년
2079년
2080년

MEMO

1 아인이는 9살이고 아인이네 반 선생님은 48살입니다. 30년 후 선생님은 아인이보다 몇 살 더 많은지 구하시오.

[나이의 합과 차]

2 올해 태경이와 동생 태돌이의 나이의 합은 20이고, 나이의 차는 2입니다. 5년 후 두 사람의 나이의 합과 차를 각각 구하시오.

가족의 나이

지오 어머니의 나이가 오빠 나이의 2배가 되는 때는 언제인지 알아봅시다.

❶ 어머니와 오빠의 나이의 차를 구하시오.

❷ 어머니가 오빠 나이의 2배가 되는 해의 두 사람의 나이의 차를 구하시오.

❸ 어머니가 오빠 나이의 2배가 되는 해의 두 사람의 나이를 그림으로 나타낸 것입니다. ☐ 안에 알맞은 수를 써넣으시오.

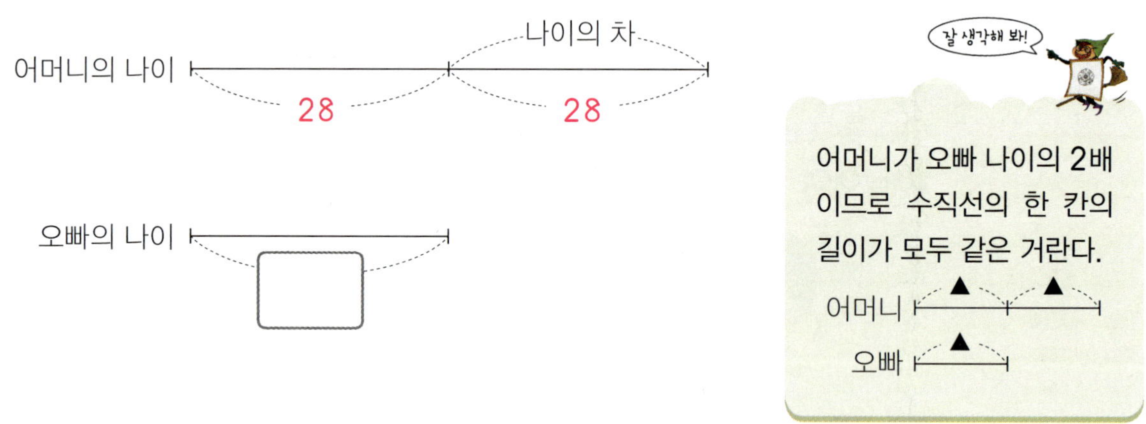

❹ 어머니가 오빠 나이의 2배가 되는 해의 어머니와 오빠의 나이를 각각 쓰시오.

1 태돌이는 5살, 어머니는 35살입니다. 어머니의 나이가 태돌이 나이의 6배가 되는 것은 태돌이가 몇 살 때입니까?

2 지오 오빠는 12살이고 삼촌은 32살입니다. 삼촌의 나이가 오빠 나이의 2배가 되는 해의 삼촌의 나이를 구하시오.

1 ㅣ0원짜리 동전과 50원짜리 동전이 모두 8개 있습니다. 금액이 280원이라면, ㅣ0원짜리 동전은 몇 개인지 구하시오.

2 다음과 같이 40 m 거리의 길의 양쪽에 ㅣ0 m 간격으로 가로등을 세우고, 가로등과 가로등 사이에 벤치를 놓기로 하였습니다. 필요한 벤치는 모두 몇 개인지 구하시오. (단, 가로등의 굵기는 생각하지 않습니다.)

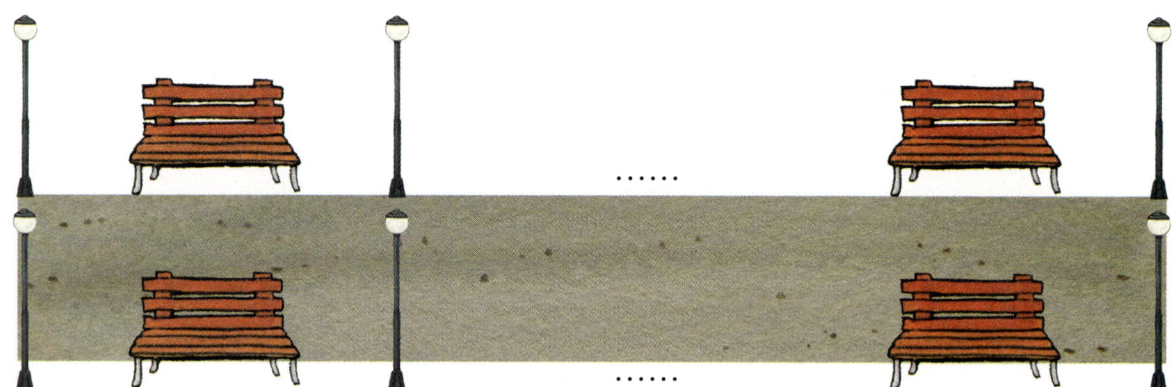

3 원탁에 1부터 28까지의 수 카드를 일정한 간격으로 늘어놓았습니다. 이때, 20이 쓰여 있는 카드와 마주 보고 있는 카드의 수를 구하시오.

4 올해 수진이는 14살, 언니는 17살이고, 어머니는 43살입니다. 수진이와 언니의 나이의 합이 어머니의 나이와 같아지는 해는 몇 년 후인지 구하시오.

Chapter 3

동전과 성냥개비

우리나라는 현재 10원, 50원, 100원, 500원의 4가지 동전을 사용합니다.

2006년에 새로운 10원짜리 동전이 나왔습니다. 새 동전이 나오기 전에는 50원짜리 동전이 가장 작았지만 현재는 10원짜리 동전이 가장 작습니다.

새 동전 　　옛날 동전

크기와 무게는 500원, 100원, 50원, 10원짜리 동전의 순서로 크고 무겁습니다. 색깔은 50원, 100원, 500원짜리 동전이 같고 10원짜리 동전은 다릅니다.

현재 일상 생활에서 사용하고 있는 동전들을 하나씩 모아 놓은 것입니다. 모두 얼마인지 구하시오.

- 세 동전은 모두 ＩＩ0원입니다.
- 두 번째 동전의 크기만 다릅니다.

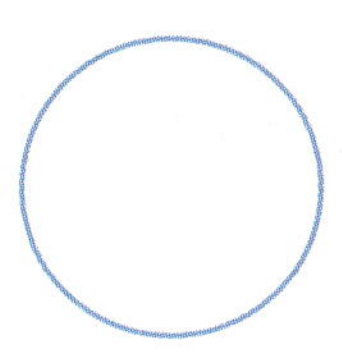 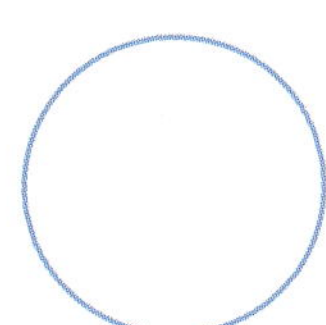 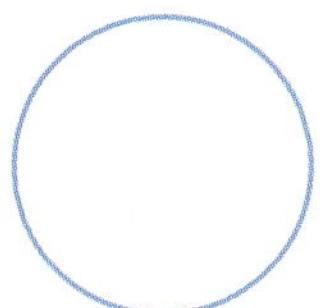

- 세 동전은 모두 200원입니다.
- 첫 번째와 두 번째 동전의 금액을 더하면 세 번째 동전의 금액과 같습니다.

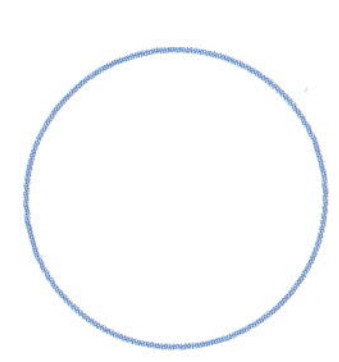 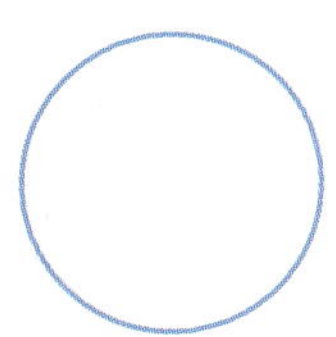 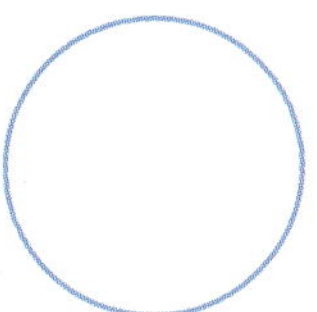

노크 포인트

동전의 금액, 크기, 무게, 앞면, 뒷면과 동전이 놓여진 모양 등을 이용한 다양한 퍼즐 문제가 있습니다.

① 동전의 금액을 이용한 퍼즐

두 종류의 동전을 가로, 세로의 금액의 합이 모두 같도록 놓기

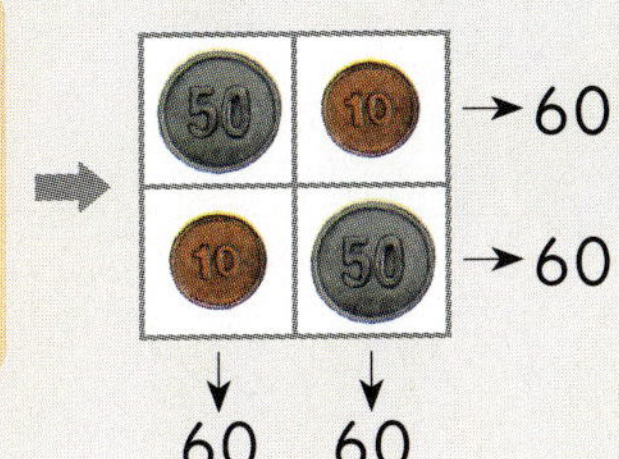

② 동전이 놓여진 모양을 이용한 퍼즐

동전 3개로 삼각형 모양 만들기

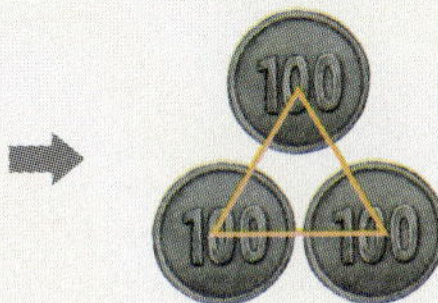

모양 뒤집기 퍼즐

<보기>와 같이 동전을 가장 적게 옮겨 거꾸로 뒤집은 모양을 만들어 보시오. 옮기는 동전에 ✕표 하고 옮겨지는 동전을 그립니다.

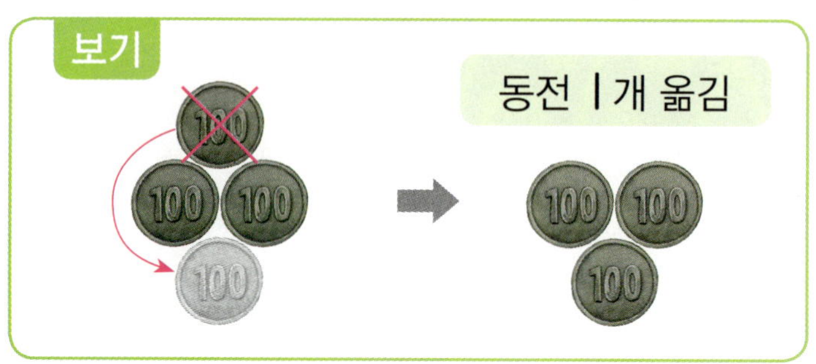

동전 2개 옮김

동전 3개 옮김

동전 5개 옮김

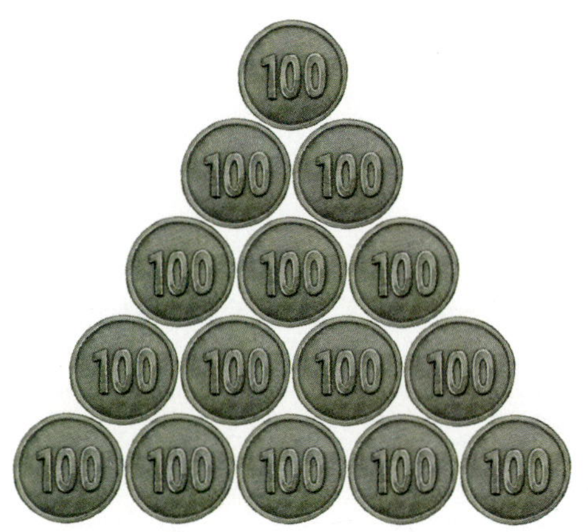

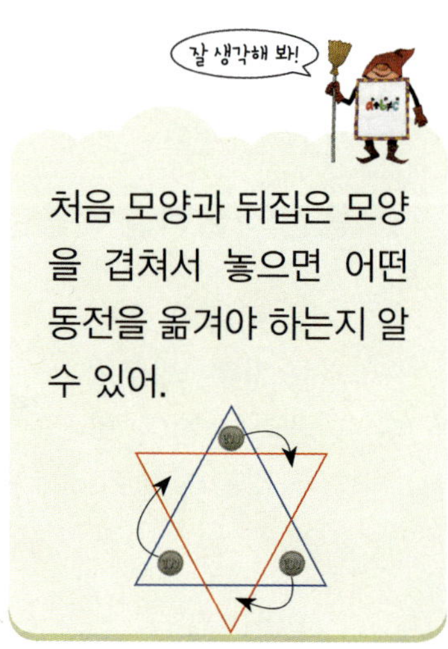

1 왼쪽 모양에서 동전 2개를 옮겨 오른쪽과 같이 거꾸로 뒤집은 모양을 만들려고
합니다. 왼쪽 모양에서 옮겨야 하는 동전에 ✕표 하시오.

준비물 100원

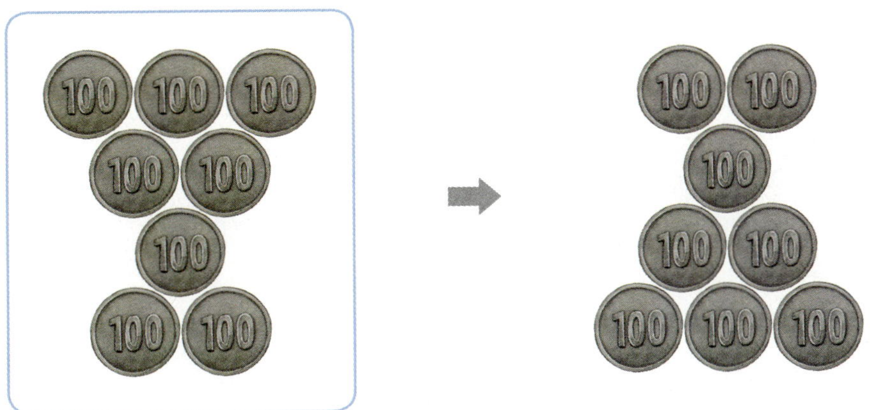

[옮겨야 하는 동전의 개수]

2 보기 와 같이 삼각형 모양에서 동전을 가장 적게 옮겨서 한 줄에 놓인 동전의 개
수가 모두 같은 사각형 모양을 만들려고 합니다. 옮기는 동전의 개수를 구하시오.

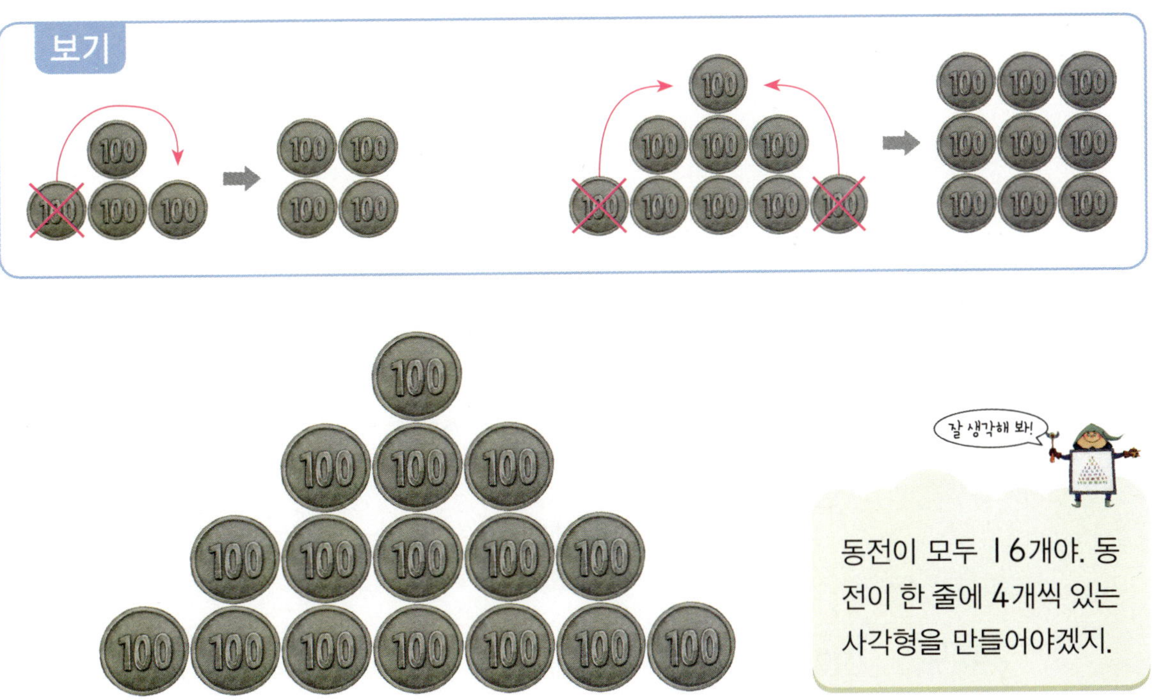

4칸, 16칸짜리 매트릭스 판에 가로, 세로에 놓인 금액의 합이 █████ 에 쓰인 수에 맞도록 동전을 놓아 봅시다.

❶ 10원, 50원, 100원, 500원짜리 동전을 각각 1개씩 사용하여 매트릭스를 완성하려고 합니다. 빈칸에 알맞은 동전의 금액을 써넣으시오.

❷ 10원, 50원, 100원, 500원짜리 동전을 각각 4개씩 사용하여 매트릭스를 완성하려고 합니다. 빈칸에 알맞은 동전의 금액을 써넣으시오.

1 10원, 50원, 100원, 500원짜리 동전 4개 중 3개를 사용하여 매트릭스를
완성하려고 합니다. 　　에 쓰인 수가 가로와 세로에 놓인 동전 금액의 합일 때,
◻ 안에 알맞은 수를 써넣으시오.

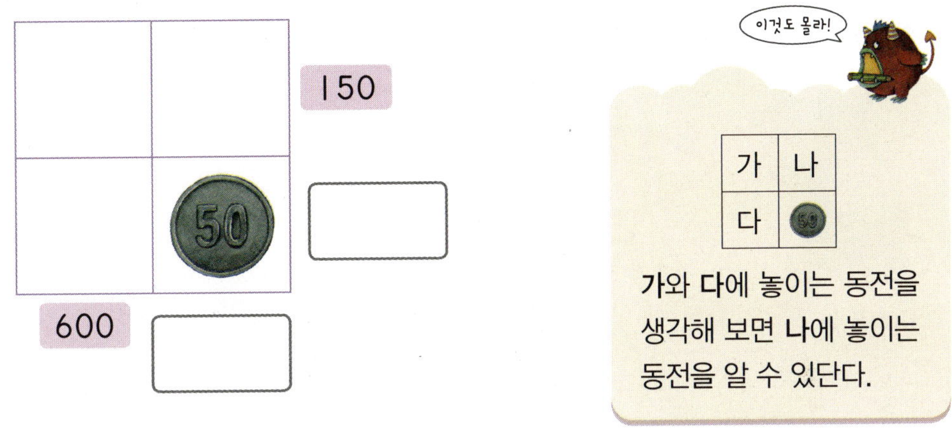

2 매트릭스에 놓인 동전의 가로와 세로의 금액의 합이 　　에 쓰인 수와 같습니다.
매트릭스를 완성할 때 가장 많이 사용된 동전은 무엇입니까? (단, 빈칸에는 동전
이 하나씩 모두 들어갑니다.)

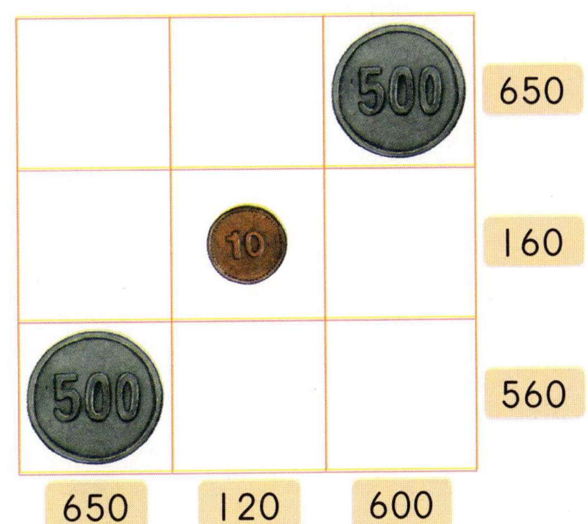

성냥개비 퍼즐

꼬마 요괴들이 성냥개비를 사용하여 재미있는 모양을 만들고 있습니다.

멍하니 요괴

잠만자 요괴

딴짓 요괴

한입 요괴

한입 요괴가 만든 물고기에서 성냥개비를 옮겨서 뼈만 남은 물고기를 만들어 보시오.

성냥개비로 만든 모양에 이름을 지어 보시오.

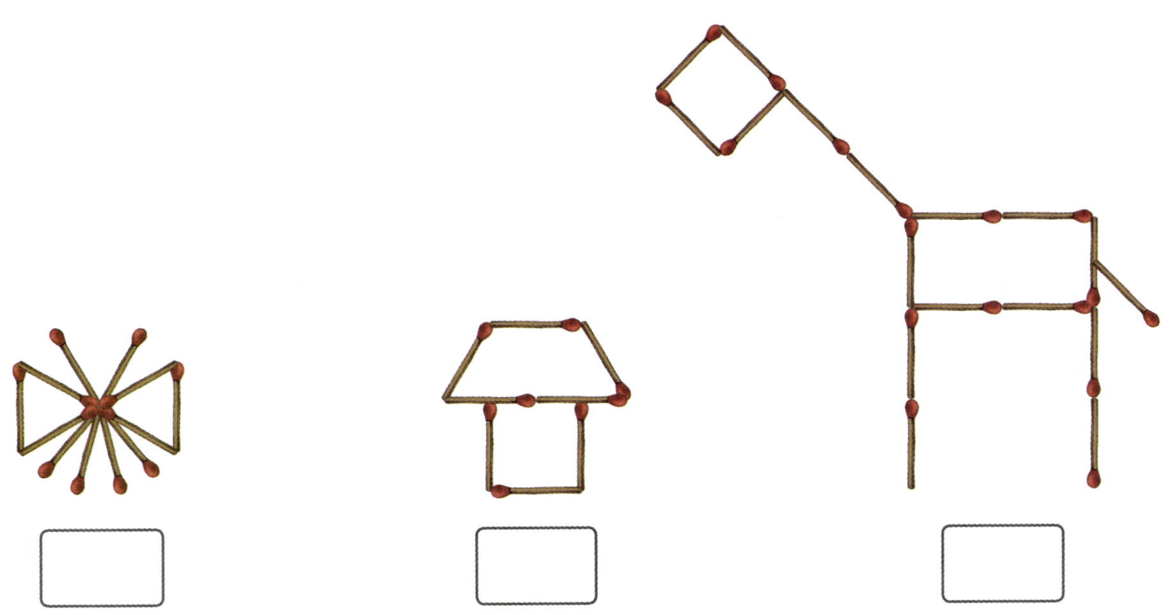

성냥개비를 사용하여 만든 모양에서 성냥개비 몇 개를 옮겨 다른 모양으로 바꿀 수 있습니다.

① 성냥개비 2개를 옮겨서 쓰레받기에서 쓰레기 꺼내기

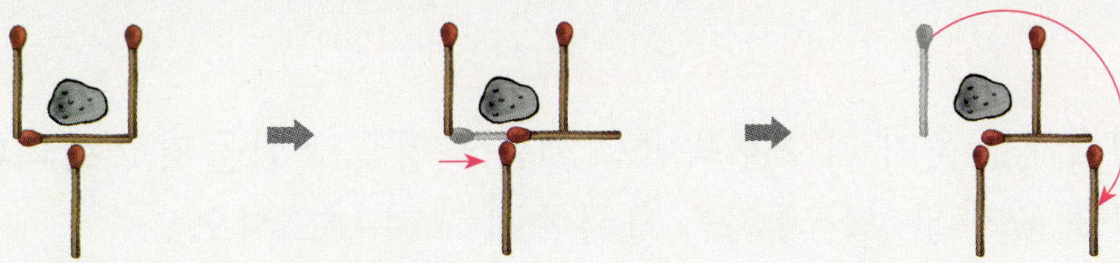

② 성냥개비 2개를 옮겨서 체리 꺼내기

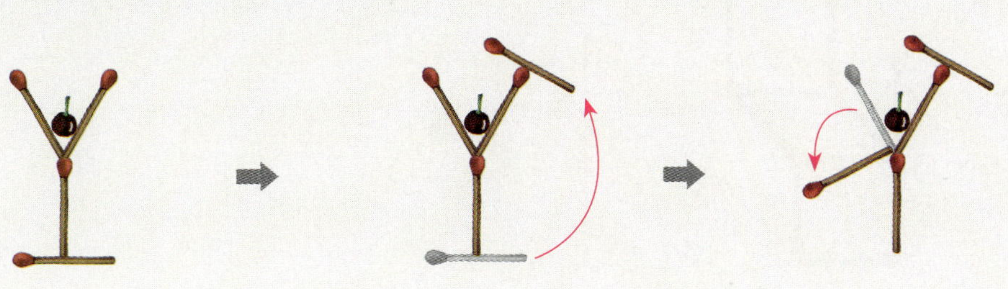

방향을 바꾸어요

성냥개비를 사용하여 만든 모양에서 성냥개비를 옮겨 모양의 방향을 뒤집어 봅시다.

❶ 성냥개비 2개를 옮겨 햇빛이 잘 드는 집으로 바꾸려고 합니다. 왼쪽 집에서 옮겨야 하는 성냥개비에 ◯표 하시오.

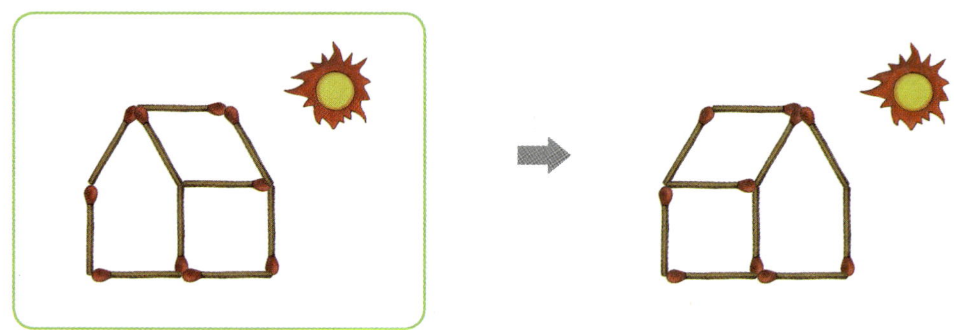

❷ 성냥개비를 4개 옮겨서 배의 위 아래가 뒤집어진 모양으로 바꾸려고 합니다. ◯표 한 성냥개비를 옮겨 오른쪽 배 모양을 만들어 보시오.

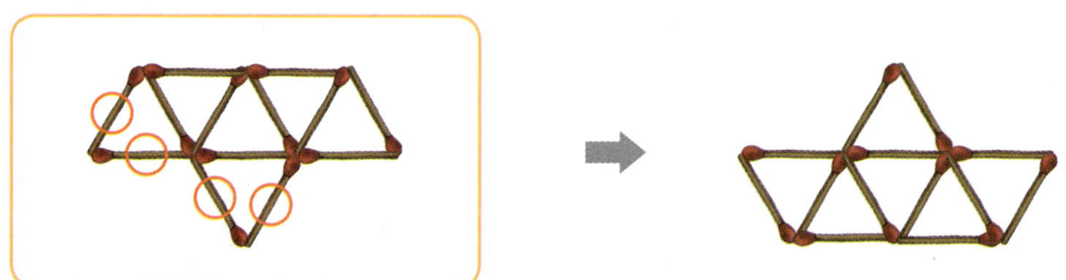

❸ 성냥개비 2개를 옮겨 의자를 똑바로 세운 모양으로 만들려고 합니다. ◯표 한 성냥개비를 옮겨 완성한 의자를 오른쪽에 그려 넣으시오.

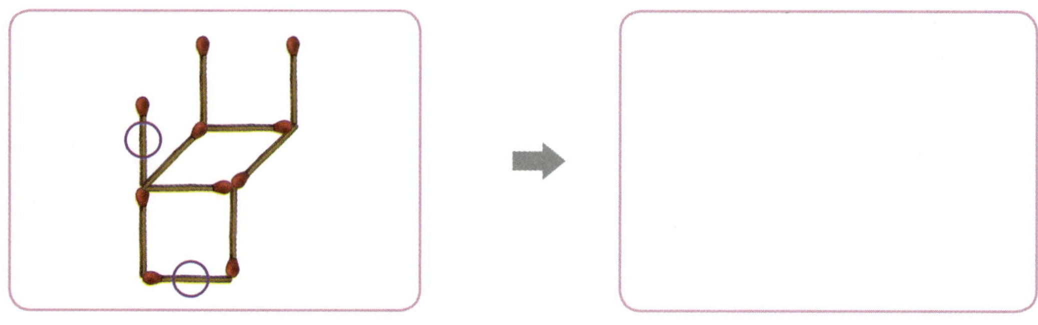

[방향 바꾼 물고기]

1 성냥개비 3개를 옮겨 물고기가 반대 방향을 보도록 할 때, 왼쪽에서 옮겨야 하는 성냥개비에 모두 ◯표 하시오.

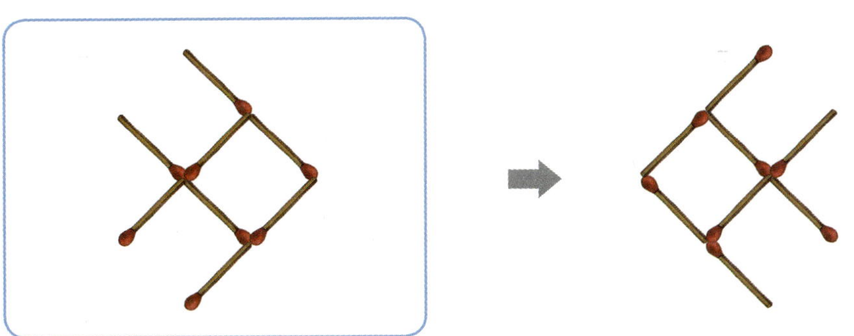

[거꾸로 된 산]

2 성냥개비 9개로 만든 산 모양 3개에서 성냥개비 4개를 옮겨 거꾸로 된 산 모양 3개로 바꾸었습니다. 왼쪽에서 옮긴 성냥개비에 ✕표 하시오.

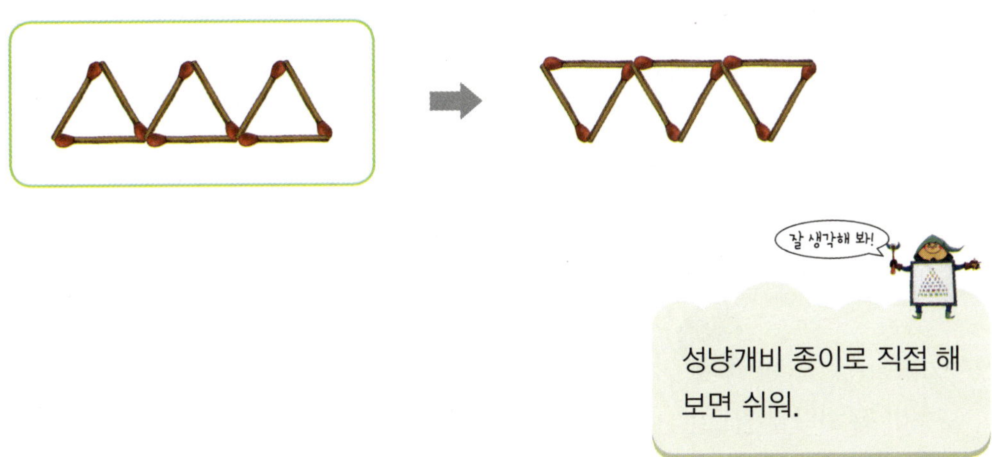

변신 성냥개비 퍼즐

성냥개비로 만든 모양에서 정해진 개수의 성냥개비를 옮겨 조건에 맞는 모양을 만들어 보시오.

1

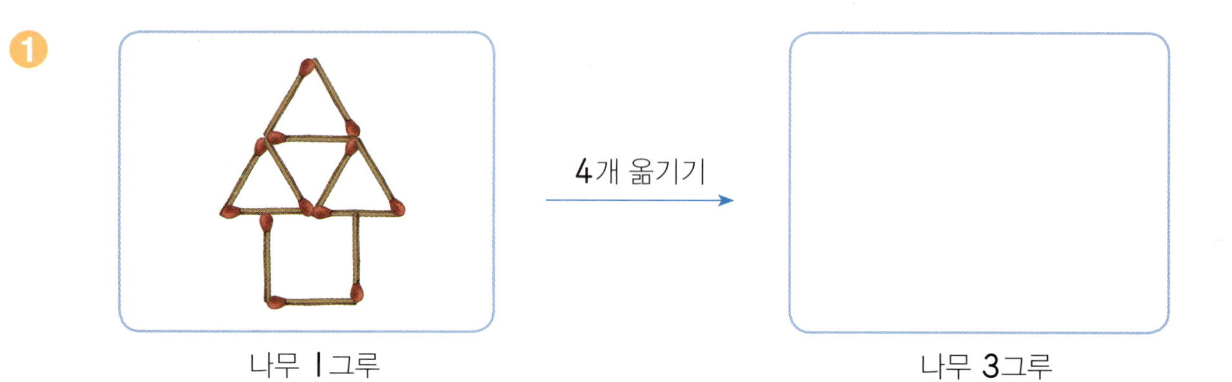

나무 1그루

4개 옮기기

나무 3그루

2

도형 안 금액의 합 660원

2개 옮기기

도형 안 금액의 합 560원

2개 옮기기

도형 안 금액의 합 550원

도형이 꼭 하나일 필요는 없어.

1 [탁자 옮기기]

성냥개비로 의자 2개와 탁자를 만들었습니다. 성냥개비 3개를 옮겨 마주 보는
의자 사이에 탁자가 있도록 할 때, 옮겨야 하는 성냥개비에 모두 ◯표 하시오.

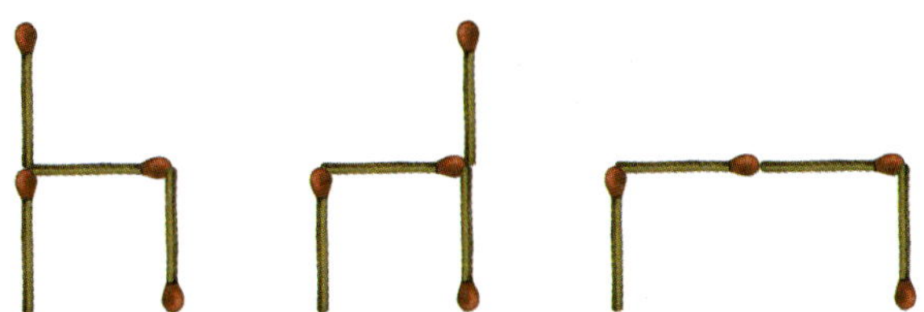

2 [상자로 바꾸기]

성냥개비로 만든 다음 모양에서 성냥개비 3개를 옮겨 상자 모양으로 바꾸려고
합니다. 옮겨야 하는 성냥개비에 모두 ◯표 하고, 성냥개비 3개를 옮겨서 그려
넣으시오.

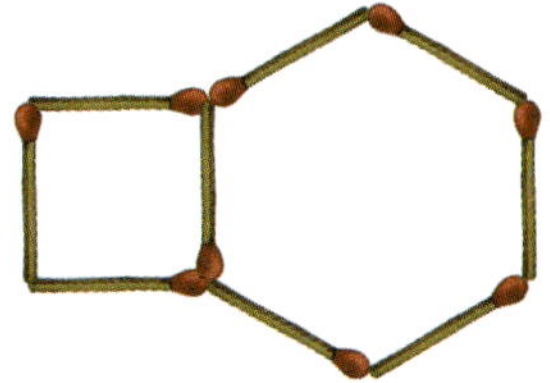

9 수 배열 퍼즐

다음은 1과 1 사이에는 수 1개, 2와 2 사이에는 수 2개, 3과 3 사이에는 수 3개, 4와 4 사이에는 수 4개가 있는 수 배열입니다.

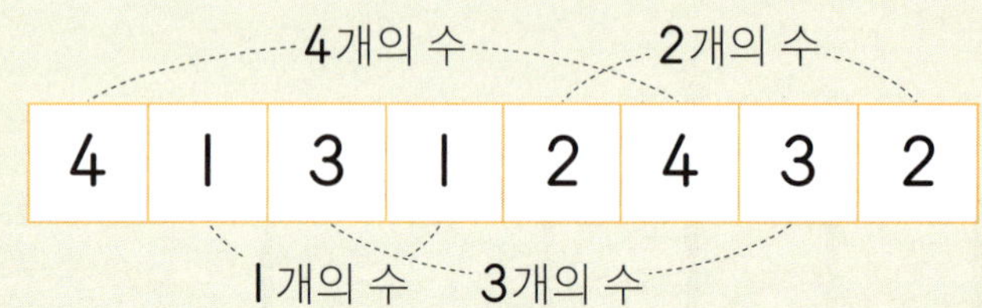

이와 같이 1부터 어떤 수까지 각각 2개씩 있을 때 같은 두 수 사이에 그 수만큼 수가 오는 문제를 스코틀랜드의 수학자 랭퍼드의 이름을 따서 랭퍼드 문제라고 합니다.

랭퍼드

1부터 3까지의 수 카드를 두 장씩 사용하여 1과 1 사이에는 수가 한 개, 2와 2 사이에는 수가 두 개, 3과 3 사이에는 수가 세 개 들어가도록 놓아 보시오.

ㅣ부터 4까지의 숫자 카드 2장씩을 사용하여 랭퍼드 수 배열을 만들어 보려고 합니다. 가장 큰 수인 4를 다음과 같이 써넣었습니다. 나머지 6개의 수를 넣어 랭퍼드 수 배열을 완성하시오.

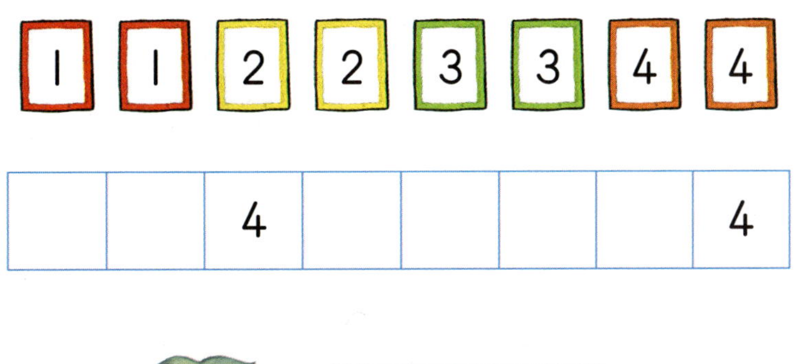

		4				4

노크 포인트

랭퍼드 문제에서 수가 클수록 수를 넣을 수 있는 방법이 적어지므로 큰 수부터 넣는 것이 문제를 쉽게 해결할 수 있습니다.

① ㅣ을 넣는 경우: 4가지

ㅣ	ㅣ				
	ㅣ		ㅣ		
		ㅣ		ㅣ	
			ㅣ		ㅣ

② 2를 넣는 경우: 3가지

2			2		
	2			2	
		2			2

② 3을 넣는 경우: 2가지

3				3	
	3				3

수 배열하기

선으로 연결된 곳에는 연속하는 수가 들어가지 않습니다. ◯ 안에 1부터 6까지의 수를 써넣어 봅시다.

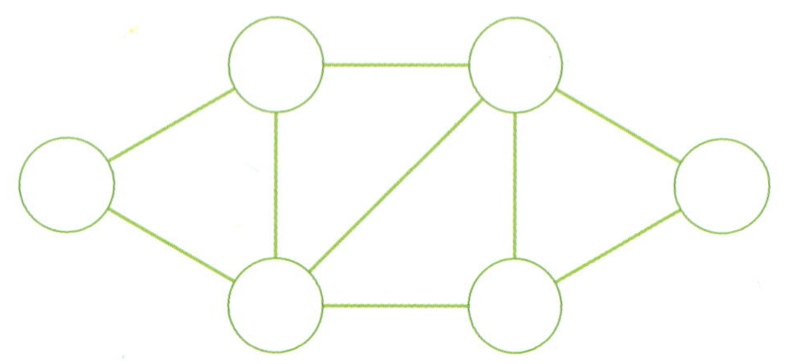

❶ 다음 그림에서 ㉮에 연결된 선은 2개입니다. 연결된 선이 4개인 ◯을 모두 찾아 기호를 쓰시오.

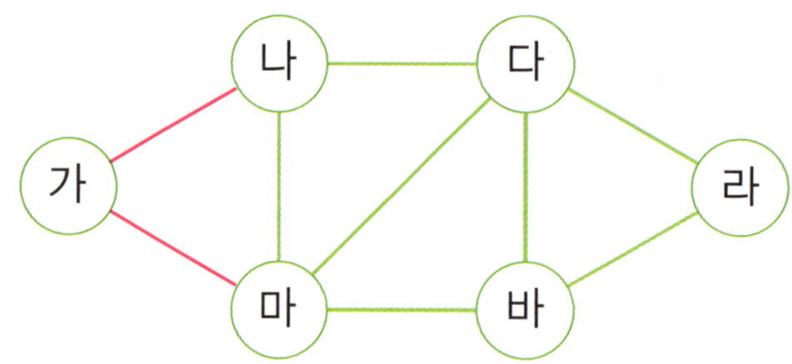

❷ 1부터 6까지의 수 중에서 2와 연속된 수는 1과 3으로 두 개입니다. 연속된 수가 하나 밖에 없는 수를 모두 쓰시오.

❸ 연속한 수가 하나밖에 없는 두 수를 연결된 선이 4개인 위의 ◯ 안에 써넣으시오.

❹ 빈 ◯ 안에 나머지 수를 조건에 맞게 써넣어 위 퍼즐을 완성하시오.

1 ☐와 ● 안에 l부터 6까지의 수를 한 번씩 써넣으려고 합니다. ☐ 안의 수가 양쪽 ● 안의 수의 합이 되도록 퍼즐을 완성하시오.

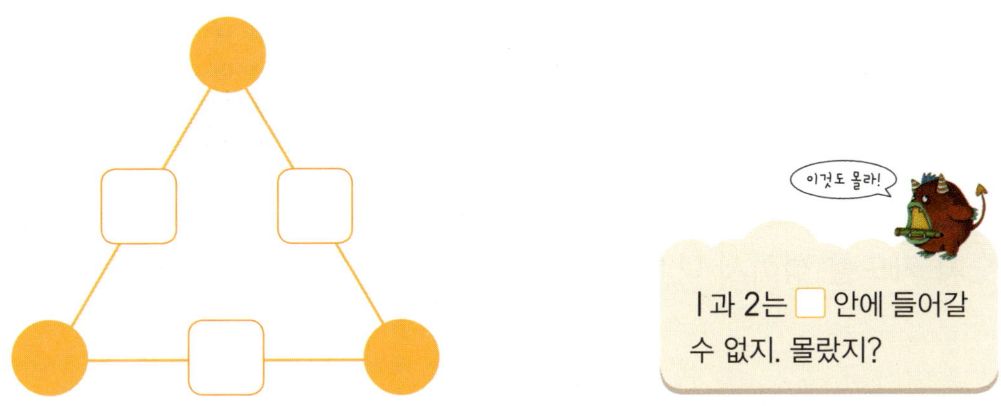

[점점 커지는 수]

2 보기와 같이 화살표가 가리키는 수가 더 크도록 ☐ 안에 수를 써넣으려고 합니다. 6부터 l0까지의 수를 사용하여 다음 퍼즐을 완성하시오.

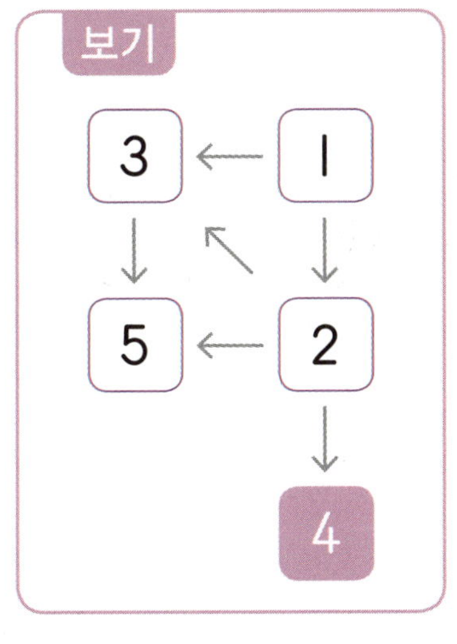

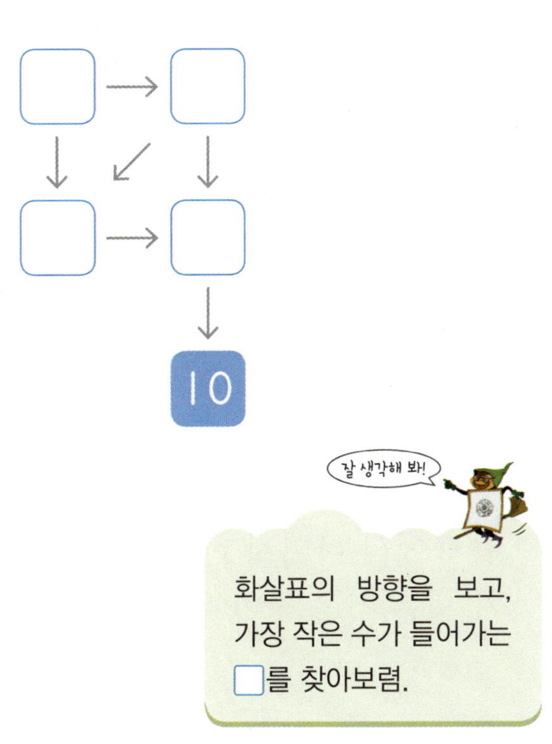

조건에 맞게 수 넣기

숫자 카드 5장을 다음과 같이 놓고, 수 사이에 있는 수들의 합을 구했습니다.

- 2와 4 사이에 있는 수들의 합은 4입니다.
- 3과 5 사이에 있는 수들의 합은 5입니다.

숫자 카드를 섞어서 다시 놓은 다음, 수 사이에 있는 수들의 합을 구했습니다.

- 2와 5 사이에 있는 수들의 합은 7입니다.
- 1과 3 사이에 있는 수들의 합은 9입니다.

뒤집혀진 숫자 카드에 적힌 수를 알아봅시다.

❶ 2와 5 사이에 있는 수들의 합이 7이 되도록 빈칸에 알맞은 수를 써넣으시오.

❷ 위 ❶에서 나머지 한 칸에 숫자 1을 써넣어 1과 3 사이에 있는 수들의 합이 9
가 되는 것을 찾아 뒤집어진 숫자 카드의 수를 적어 보시오.

1 다음 조건에 모두 맞도록 2부터 5까지의 수를 한 번씩 써넣으시오.

> • 3과 4 사이에 있는 수의 합은 **7**입니다.
> • 2와 3 사이에 있는 수는 **5**입니다.

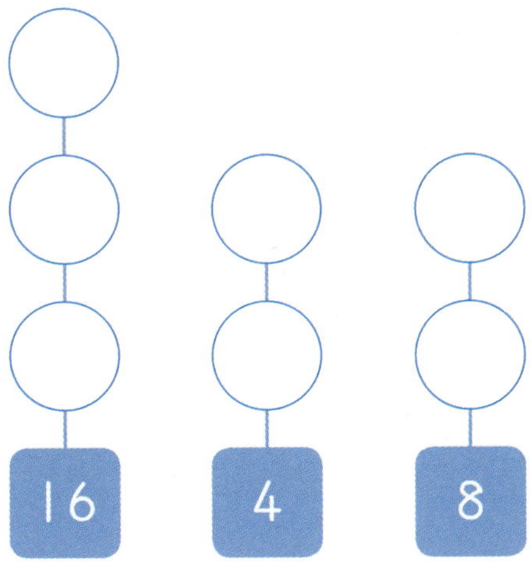

2 오른쪽 조건에 모두 맞도록 1부터 7까지의 수를 ◯ 안에 한 번씩 써넣어 다음 퍼즐을 완성하시오.

> • ▆ 안의 수는 선으로 연결된 ◯ 안의 수의 합입니다.
> • ◯ 안의 수는 위에서부터 작은 수가 들어갑니다.

16　4　8

창의적 문제해결력

1 l부터 7까지의 수 중 6개의 수를 골라 한 번씩만 사용하여 다음 퍼즐을 완성하려고 합니다. ▊ 안의 수는 위 두 수의 합이고, 두 수 중 더 큰 수가 아래 ○ 안에 들어갑니다. ○ 안에 알맞은 수를 써넣으시오.

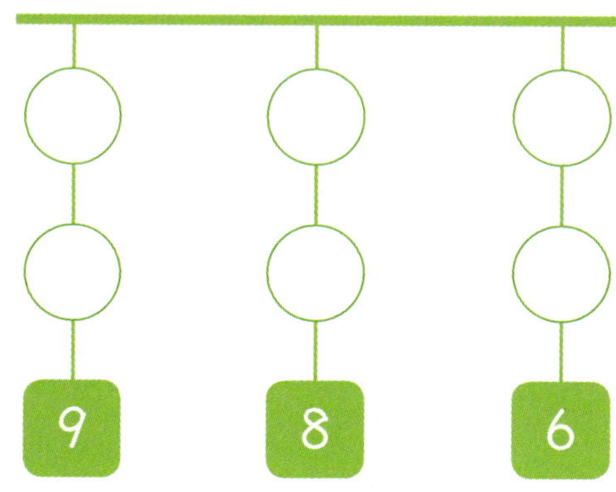

2 l0원, 50원, l00원, 500원짜리 동전 중 다음 조건에 맞게 동전 6개를 놓으려고 합니다. 빈 곳에 알맞은 금액을 써넣으시오.

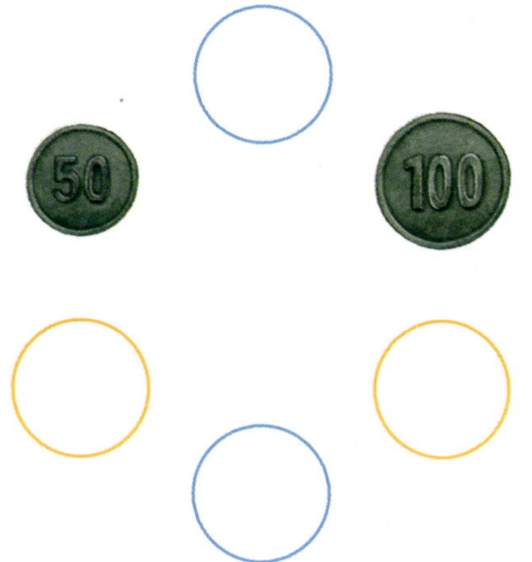

- 금액을 모두 더하면 720원입니다.
- ○자리에는 색이 다른 동전이 놓입니다.
- 500원 옆에는 l0원과 50원이 있습니다.

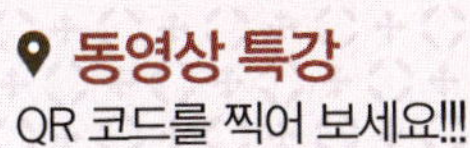

3 보기와 같이 성냥개비를 옮겨서 뒤집은 모양을 만들려고 합니다. 성냥개비를 가장 적게 옮겨서 오른쪽 모양을 위아래로 뒤집으려고 합니다. 성냥개비를 몇 개 옮겨야 합니까?

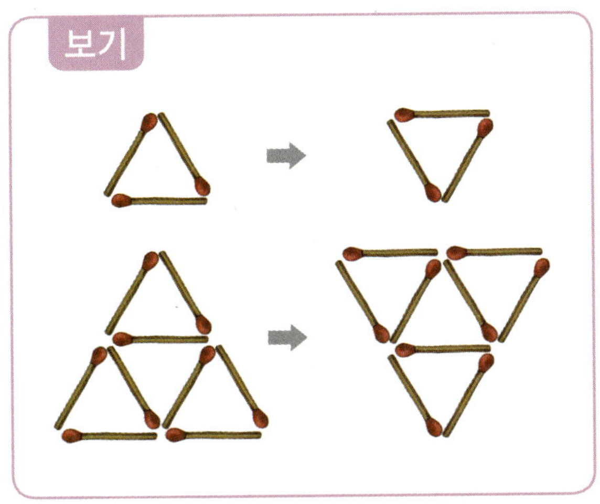

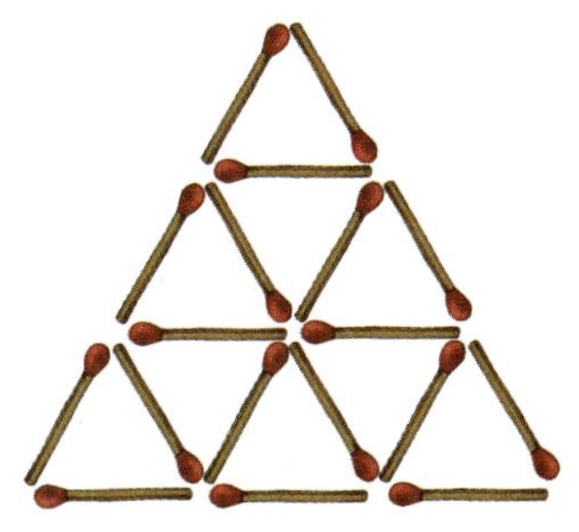

4 I부터 8까지의 수를 한 번씩 사용하여 다음 퍼즐을 완성하려고 합니다. 연결된 곳에 이웃하는 수가 들어가지 않도록 ☐ 안에 알맞은 수를 써넣으시오.

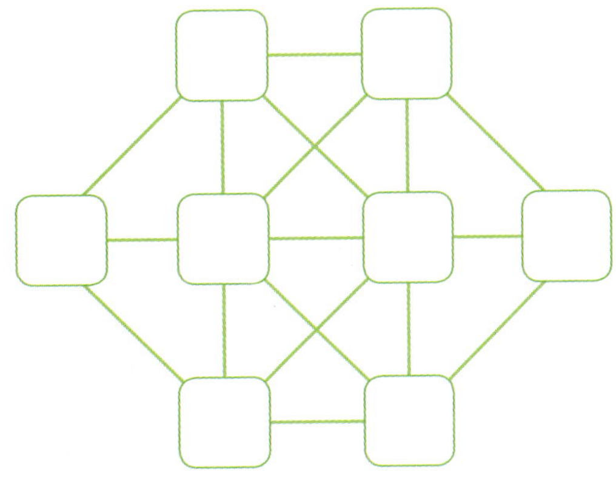

논리와 재치 문제

꼬마 요괴들이 주고받은 구슬의 수와 현재 가지고 있는 구슬의 수를 이야기하고 있습니다. 대화를 보고 각 요괴가 처음 가지고 있던 구슬의 수를 구하시오.

딴소리 요괴

한입 요괴

울보 요괴

멍하니 요괴

딴짓 요괴

거꾸로 요괴

 안에 알맞은 수를 써넣으시오.

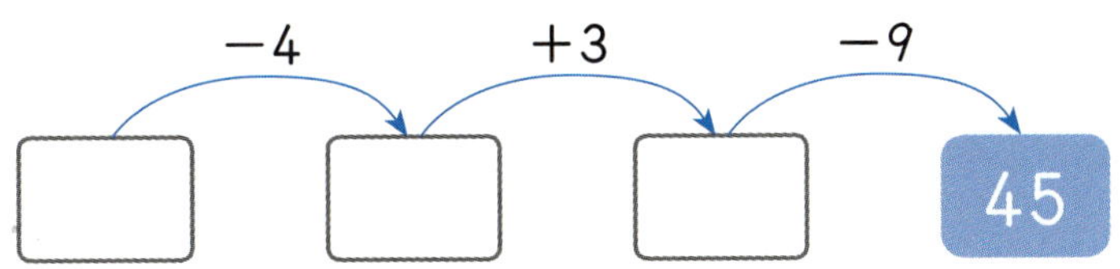

초이가 태경이에게 구슬 5개를 주었더니 구슬이 태경이는 12개, 초이는 14개
가 되었습니다. 처음 두 사람이 가지고 있던 구슬의 수를 구하시오.

태경: □개   초이: □개

노크 포인트

두 사람이 어떤 물건을 주고받는 경우, 거꾸로 생각하여 처음 가지고 있던 개수를 구할 수 있
습니다.

태경이가 초이에게 사탕 2개를 주었더니 사탕이 태경이는 3개, 초이는 8
개가 되었습니다.

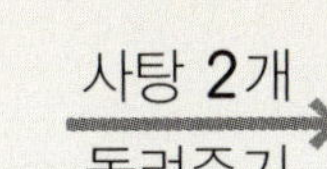

여러 번의 계산 과정에서 마지막 계산 결과를 알 때, 처음 수는 그 과정을 거꾸로 생각하여 구
할 수 있습니다.

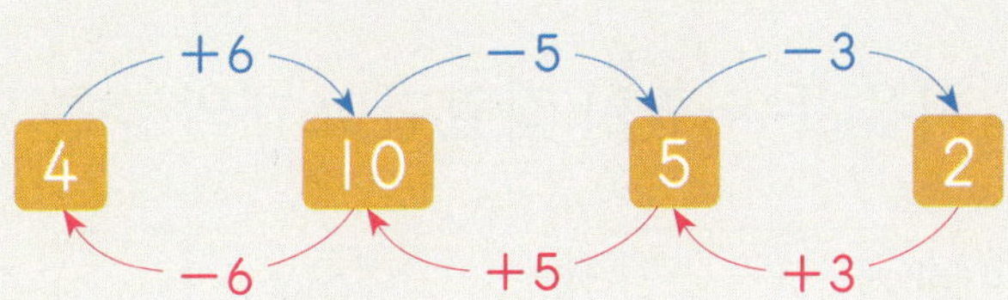

주고받기

태경이와 아인이는 바다에서 조개를 잡았습니다. 태경이는 아인이에게 아인이가 잡은 개수만큼 자신의 조개를 주었습니다. 그 후 아인이가 조개 5개를 놓아주어 두 사람 모두 조개를 9개씩 가지게 되었습니다. 두 사람이 처음에 잡았던 조개의 수를 각각 구하시오.

❶ 두 사람이 가지고 있던 조개의 수를 표로 나타내었습니다. 조개 5개를 놓아주기 전 태경이와 아인이가 가지고 있던 조개의 수를 각각 구해 ㉠, ㉡칸에 써넣으시오.

	태경	아인
처음 잡은 조개의 수		
태경이가 준 다음 조개의 수	㉠	㉡
조개를 놓아준 후의 조개의 수	9	9

❷ 태경이는 아인이가 처음 가지고 있던 개수만큼 조개를 주었습니다. 아인이가 태경이에게 받은 조개의 수를 구하시오.

❸ 위의 표를 완성하고 처음 두 사람이 잡았던 조개의 수를 각각 구하시오.

태경: ☐ 개   아인: ☐ 개

1 초이네 할머니께서 옥수수를 보내 주셨습니다. 보내 주신 옥수수를 첫째 날 7개를 먹고 둘째 날은 첫째 날보다 3개를 더 먹었더니 남은 옥수수는 14개가 되었습니다. 할머니께서 보내 주신 옥수수는 몇 개입니까?

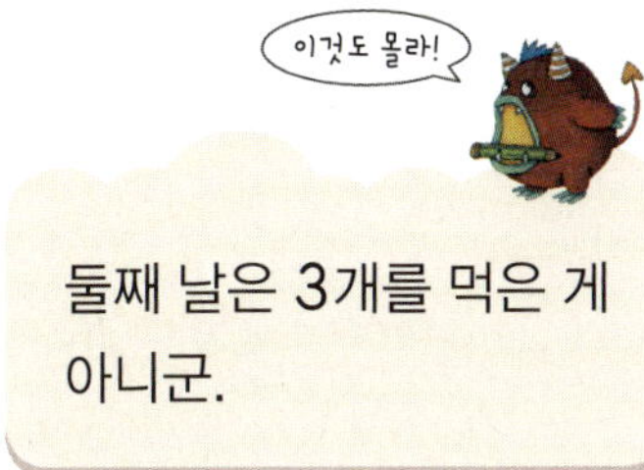

[여학생]

2 지오네 반에 여학생 4명과 남학생 2명이 전학을 가고 남학생 4명과 여학생 2명이 전학을 와서 남학생과 여학생의 수가 같아졌습니다. 전학 온 후 지오네 반 학생이 30명일 때, 처음 지오네 반 여학생은 모두 몇 명입니까?

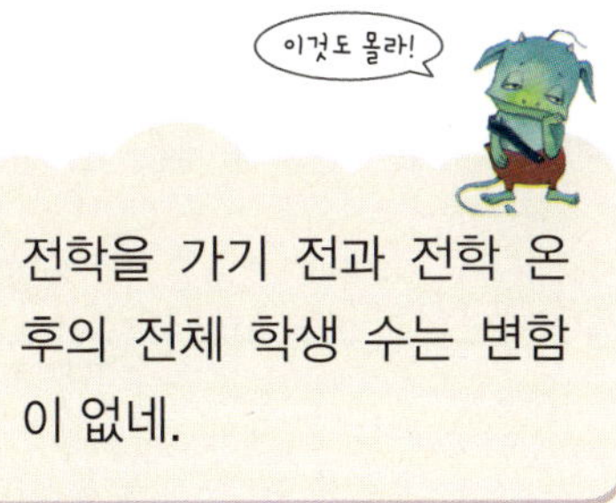

초이는 3일 동안 동화책 한 권을 읽었습니다. 첫째 날 전체의 절반을 읽었고, 둘째 날 나머지의 절반을 읽었습니다. 셋째 날에는 남은 20쪽을 모두 읽었습니다. 초이가 읽은 동화책은 모두 몇 쪽인지 구하시오.

❶ 초이는 둘째 날 나머지의 절반을 읽고, 셋째 날 남은 20쪽을 읽었습니다. 둘째 날 몇 쪽을 읽었는지 ☐ 안에 알맞은 수를 써넣으시오.

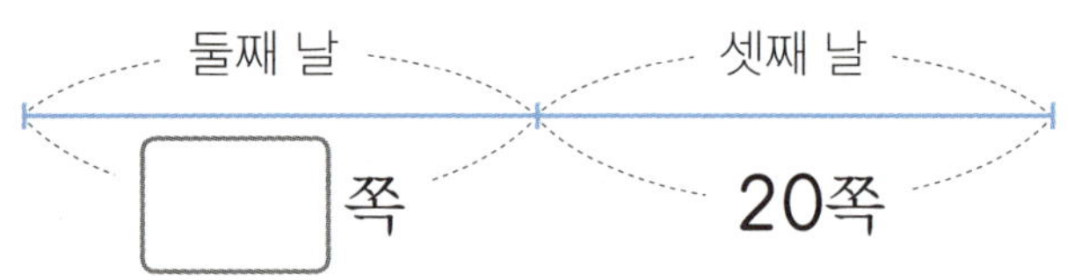

❷ 초이는 첫째 날 전체의 절반을 읽었습니다. ☐ 안에 알맞은 수를 써넣으시오.

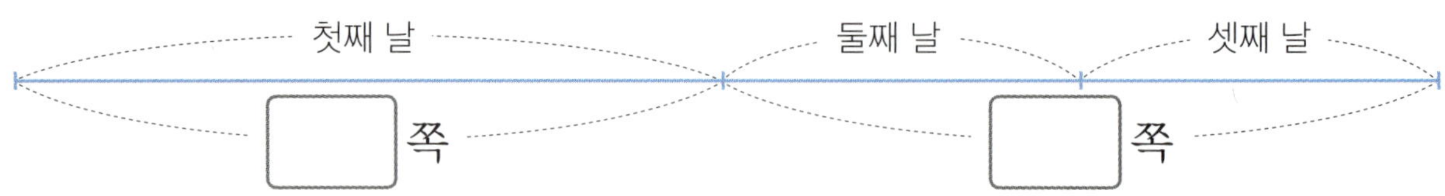

❸ 초이가 읽은 동화책은 모두 몇 쪽입니까?

1 아인이네 모둠 학생들이 모두 모여 청소를 합니다. 2명은 정리를 하고, 나머지 학생의 절반은 바닥을 쓸기로 하였습니다. 남은 학생 3명이 창문을 닦기로 하였다면, 아인이네 모둠은 모두 몇 명입니까?

2 지오네 어머니께서 귤 한 상자를 사 오셨습니다. 어머니께서는 귤 한 상자 중 절반을 이웃에게 나누어 주셨습니다. 나머지 귤 중 절반은 부모님께서 드셨고, 부모님께서 드시고 남은 귤을 지오와 동생이 똑같이 나누어 먹었습니다. 지오가 먹은 귤이 모두 5개일 때, 한 상자에 든 귤은 모두 몇 개입니까?

연역표

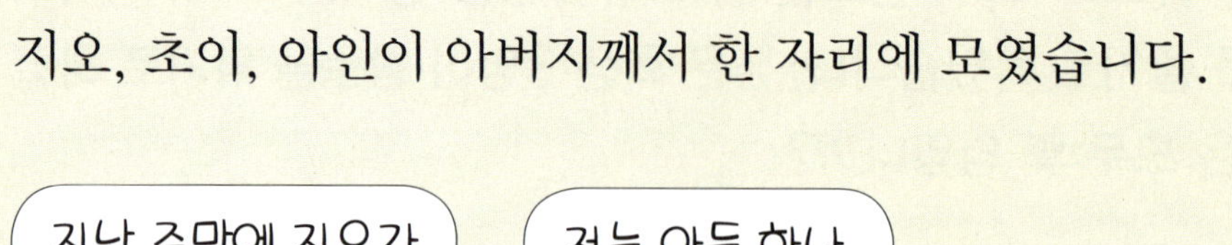

지오, 초이, 아인이 아버지께서 한 자리에 모였습니다.

위 아버지들의 대화를 보고 누구의 아버지인지 찾아 선으로 이으시오.

지오

초이

아인

태경, 초이, 아인이는 노란색, 빨간색, 파란색 중 서로 다른 한 가지 색깔을 좋아합니다. 표의 빈칸에 좋아하는 색깔에 ◯표, 좋아하지 않는 색깔에 ✕표를 하고 세 사람이 좋아하는 색깔을 각각 구하시오.

- 태경이는 노란색을 좋아합니다.
- 초이는 파란색을 싫어합니다.

	태경	초이	아인
노란색			
빨간색			
파란색			

태경: ◯◯◯ 색   초이: ◯◯◯ 색   아인: ◯◯◯ 색

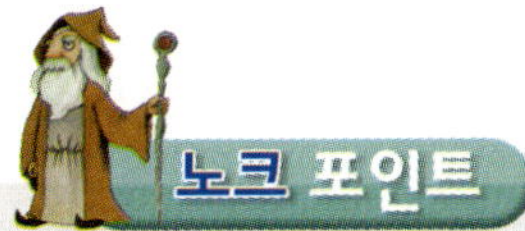

노크 포인트

주어진 조건이나 사실을 이용하여 논리적인 문제가 없는 새로운 사실을 발견하고 결과를 이끌어내는 것을 **연역적 추론**이라고 합니다.

연역적 추리를 할 때, 다음과 같이 표로 나타내면 쉽게 해결할 수 있습니다. 이러한 표를 **연역표**라고 합니다.

- 세 사람은 튀김, 떡볶이, 순대 중 서로 다른 음식을 한 가지씩 좋아합니다.
- 지오는 떡볶이를 싫어합니다. → ①
- 초이는 순대를 좋아합니다. → ②

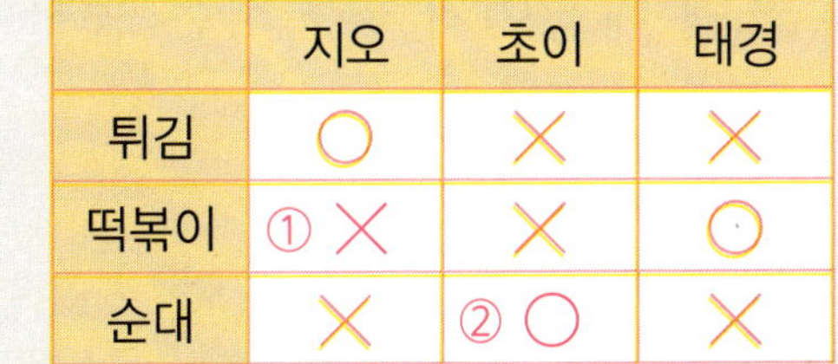

	지오	초이	태경
튀김	◯	✕	✕
떡볶이	① ✕	✕	◯
순대	✕	② ◯	✕

알 수 있는 사실을 이용하여 ◯표, ✕표를 한 다음, ◯표가 가로, 세로에 하나씩만 있도록 표를 완성합니다.

좋아하는 동물을 찾아요

아인, 지오, 태경이는 원숭이, 사자, 기린 중 서로 다른 한 가지 동물을 좋아합니다. 아인, 지오, 태경이의 이야기를 보고 세 사람이 좋아하는 동물을 각각 구하시오.

❶ 다음 표에서 아인이가 좋아하는 동물이 아닌 것에 ✕표 하시오.

	아인	지오	태경
원숭이			
사자			
기린			

❷ ❶의 표에 지오가 좋아하지 않는 동물에 ✕표 하시오.

❸ ❶의 표에 태경이가 좋아하는 동물에 ◯표 하시오.

❹ ❶의 표의 남은 칸에 ◯표와 ✕표를 알맞게 하고, 세 사람이 좋아하는 동물을 각각 쓰시오.

아인: ☐　　　지오: ☐　　　태경: ☐

1 태경, 아인, 초이는 국어, 수학, 미술 중 서로 다른 한 가지 과목을 좋아합니다. 왼쪽 글을 보고 오른쪽 표를 완성하여 아인이가 좋아하는 과목을 구하시오.

- 초이는 국어를 좋아하지 않습니다.
- 태경이는 미술을 좋아합니다.

	태경	아인	초이
국어			
수학			
미술			

[카드의 숫자]

2 아인, 지오, 초이는 각각 l, 2, 3이 적힌 3장의 카드를 한 장씩 나누어 가졌습니다. 다음을 보고 지오가 가진 카드에 쓰인 숫자를 구하시오.

- 지오는 l이 적힌 카드를 가지고 있지 않습니다.
- 아인이는 지오보다 큰 수를 가지고 있습니다.

표를 만들어서 ○표, ×표를 하며 생각해 보렴.

길에서 본 장소

지오, 초이, 태경이의 이야기를 보고 **가, 나, 다**에 알맞은 가게는 무엇인지 알아보시오.

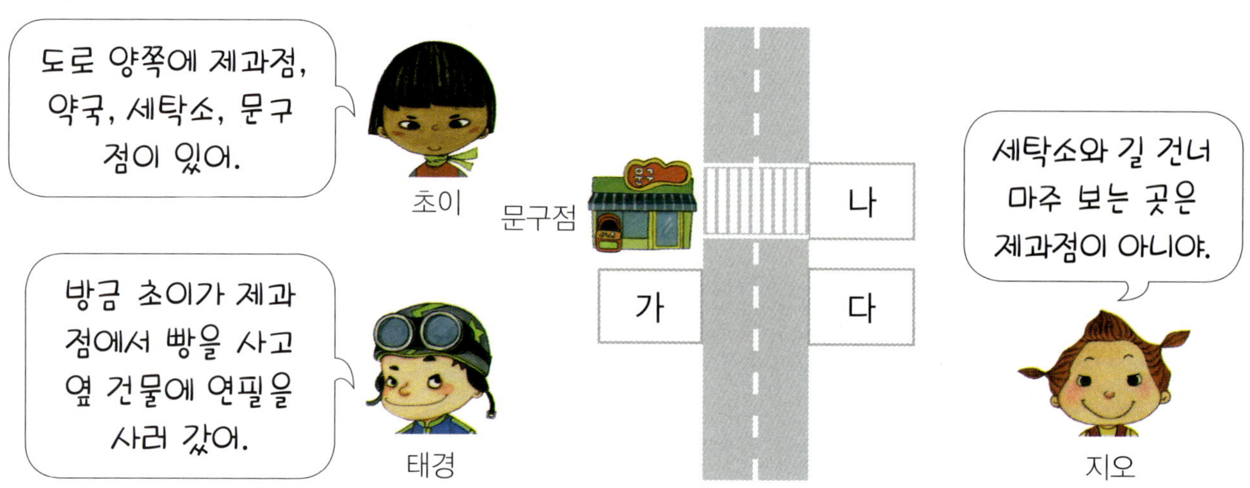

❶ 표의 색칠된 빈칸에 문구점을 제외한 가게의 이름을 쓰시오.

	가	나	다

❷ 태경이의 이야기를 보고 ❶의 표에 **가**에 알맞은 가게를 찾아 ◯표 하시오.

❸ 지오의 이야기를 보고 ❶의 표에 **나**에 알맞은 가게를 찾아 ◯표 하시오.

❹ ❶의 표의 남은 칸에 ◯표와 ✕표를 알맞게 하고 **가, 나, 다**에 알맞은 가게를 각각 쓰시오.

가: ☐   나: ☐   다: ☐

1 아인, 지오, 태경이의 자리는 ㉠, ㉡, ㉢ 중 하나입니다. 다음을 읽고 ㉡ 자리에 앉는 사람의 이름을 쓰시오.

- 칠판에서 책상을 바라보았을 때, 민선이 오른쪽에 태경이가 있습니다.
- 앞뒤로 2명씩 짝을 지을 때, 지오는 정아와 짝이 될 수 없습니다.

[대관람차]

2 초이, 태경, 지오는 대관람차의 가, 나, 다 칸에 각각 한 명씩 타고 있습니다. 다음을 보고 태경이가 타고 있는 칸의 기호를 쓰시오.

- 초이가 탄 칸 옆에는 빨간색이 없습니다.
- 세 사람 중 가장 높은 곳에 있는 사람은 태경이가 아닙니다.

12 함정이 있는 문제

2046년 5월 5일 대한민국에서 우주 탐사선이 발사되었습니다. 발사된 우주 탐사선은 베타별을 지나 발사된지 10일이 지난 5월 15일에 감마별에 도착하였습니다.

수직선 위에 4일째 되는 날의 우주 탐사선의 위치를 ●으로 표시해 보시오.

베타별을 지나간 날은 몇 월 며칠입니까?

１칸부터 시작하여 앞의 2배가 되도록 색칠해 보시오.

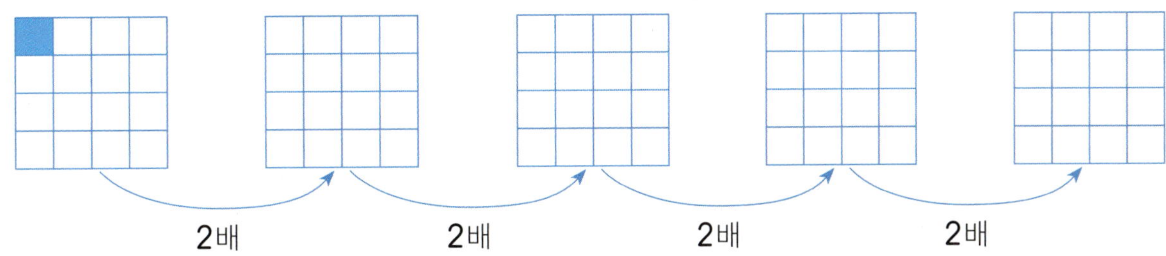

토끼가 0부터 시작하여 앞으로 세 칸을 갔다가 뒤로 한 칸을 갑니다. 토끼가 １2를 넘어가는 때는 세 칸씩 앞으로 모두 몇 번 갈 때 입니까?

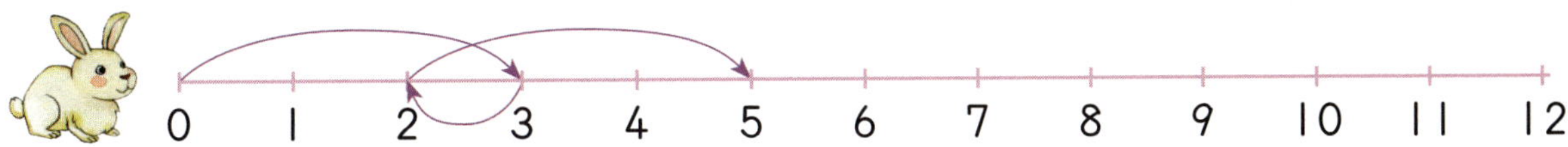

노크 포인트

다음 두 가지 유형의 문제들은 실수하기 쉽거나 잘 풀리지 않는 함정이 있는 문제들입니다. 좀 더 재치있는 방법으로 문제를 해결할 수 있습니다.

① 달팽이가 우물을 기어오르는 문제
  달팽이가 우물 아래에서 낮에는 올라가고 밤에는 미끄러지면서 조금씩 올라갈 때, 우물을 빠져나가는 때는 낮이라는 사실을 잊지 말아야 합니다.

② 개구리밥 번식 문제
  어느 연못의 개구리밥이 매일 2배가 되는데 어느 날 연못을 가득 덮었다면 그 전날에는 연못의 절반만 덮고 있습니다.

올라가고 내려가고

달팽이 한 마리가 매일 깊이가 9 m인 우물 벽을 기어오릅니다. 낮에는 4 m를 오르고 밤에는 3 m를 미끄러져 내려간다고 할 때, 우물 바닥에서 출발하여 우물 밖으로 나오는 데 며칠이 걸리는지 알아봅시다.

❶ 태경이는 달팽이가 올라가는 데 9일이 걸린다고 생각하였습니다. 태경이의 생각이 옳습니까? 옳지 않다면 그 이유를 쓰시오.

❷ 달팽이가 매일 낮과 밤에 있는 높이를 표로 나타낸 것입니다. 표를 완성하시오.

날수	1일	2일	3일	4일	5일	6일
낮의 높이(m)	4	5				
밤의 높이(m)	1					

❸ 달팽이가 우물을 나오는 데 며칠이 걸립니까?

1 달팽이 한 마리가 깊이가 26 cm인 구덩이에 빠졌습니다. 이 달팽이는 낮에는 8 cm를 올라왔다가 밤에 5 cm를 미끄러져 내려갑니다. 달팽이가 바닥부터 기어올라와 구덩이를 빠져 나오는 데 며칠이 걸립니까?

2 코알라가 높이가 13 m인 나무를 기어올라가려고 합니다. 낮에는 5 m를 올라가고 밤에는 자면서 3 m를 미끄러져 내려갑니다. 코알라가 나무 밑에서 나무 끝까지 오르는 데 모두 며칠이 걸립니까?

연못 채우기

연못에 있는 개구리밥의 개수는 매일 전날의 2배가 됩니다. 연못에 개구리밥이 1개 있을 때 연못이 7일 만에 가득 찼다면, 똑같은 크기의 연못에 개구리밥이 2개 있을 때는 며칠이 걸려야 연못이 가득 차게 되는지 알아봅시다.

❶ 표를 완성한 후 처음 개구리밥이 1개일 때 7일이 되는 날 개구리밥의 개수를 구하시오.

날수	1일	2일	3일	4일	5일	6일	7일
개구리밥의 개수	1	2	4				

❷ 연못을 모두 채우려면 개구리밥이 몇 개가 있어야 합니까?

❸ 처음 개구리밥이 2개일 때 표를 완성하시오.

날수	1일	2일	3일	4일	5일	6일	7일
개구리밥의 개수	2						

❹ 개구리밥이 2개일 때 연못을 가득 채우는 데 며칠이 걸립니까?

1 매일 크기가 전날의 2배가 되는 마법의 꽃잎이 있습니다. 마법의 꽃잎 한 장을 넣으면 I0일 만에 어항 전체를 덮습니다. 꽃잎 2장을 넣으면 며칠 만에 어항 전체를 덮을 수 있는지 구하시오.

2 어느 날 오후 I시에 미생물 I마리가 있었습니다. 미생물은 I시간마다 수가 2배가 된다고 할 때, 미생물이 모두 I28마리가 되는 시각을 구하시오.

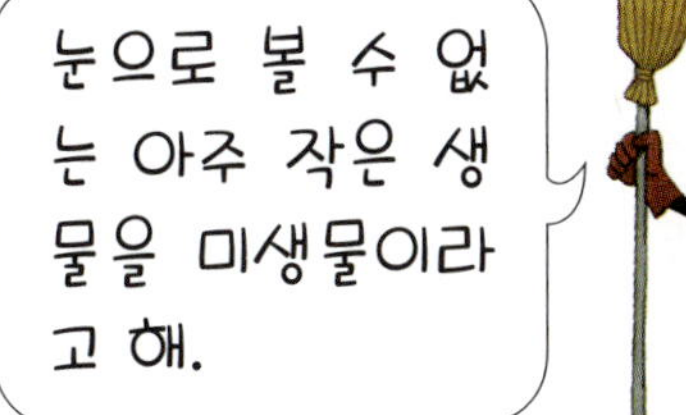

창의적 문제해결력

1 봉지에 딸기맛, 포도맛, 사과맛 사탕이 다음과 같이 들어 있습니다. 사과맛 사탕의 개수를 구하시오.

> • 봉지에는 사탕이 모두 **36**개 들어 있습니다.
> • 딸기맛 사탕은 포도맛 사탕보다 **2**개 더 많습니다.
> • 사과맛 사탕은 딸기맛 사탕보다 **2**개 더 많습니다.

2 가, 나, 다 필통에 들어 있는 연필의 수는 모두 다릅니다. 다음과 같은 순서로 연필을 옮겼더니 세 필통의 연필이 각각 **5**자루씩이었습니다. 처음 나 필통에 있던 연필은 몇 자루입니까?

> ① **가** 필통에서 연필 **3**자루를 **나** 필통으로 옮깁니다.
> ② **나** 필통에 들어 있던 연필의 반을 **다** 필통으로 옮깁니다.
> ③ **다** 필통에서 연필 **2**자루를 **가** 필통으로 옮깁니다.

3 태경, 지오, 초이가 각각 파란색, 빨간색, 노란색 중 서로 다른 한 가지 색의 옷을 입고 있습니다. 태경이의 일기를 보고 세 사람이 입은 옷 색깔을 각각 구하시오.

> 오늘은 즐거운 소풍 날입니다.
> 지오는 평소 파란색을 좋아하는데 내가 어제 파란색 옷을 입고 온다고 미리 말해서 지오가 파란색 옷을 입지 않은 것 같습니다. 오늘 아침 깜박하고 노란색 옷을 입고 와서 지오에게 미안한 마음이 듭니다.

태경: ☐ 색

지오: ☐ 색

초이: ☐ 색

4 어느 행성에 살고 있는 외계인의 수는 매년 2배가 됩니다. 외계인이 가득 차면 같은 크기의 다른 행성에 절반의 외계인을 보냅니다.

2080년 외계인이 살고 있는 행성 8개가 모두 가득 찼습니다. 외계인이 다른 행성으로 가기 시작한 첫 해는 몇 년도입니까?

66, 67, 70쪽에 사용하세요.

1 1 2 2

3 3 4 4

5 5

준비물 100원
56, 57쪽에 사용하세요.

준비물 성냥개비
60, 62, 63, 64, 65쪽에 사용하세요.

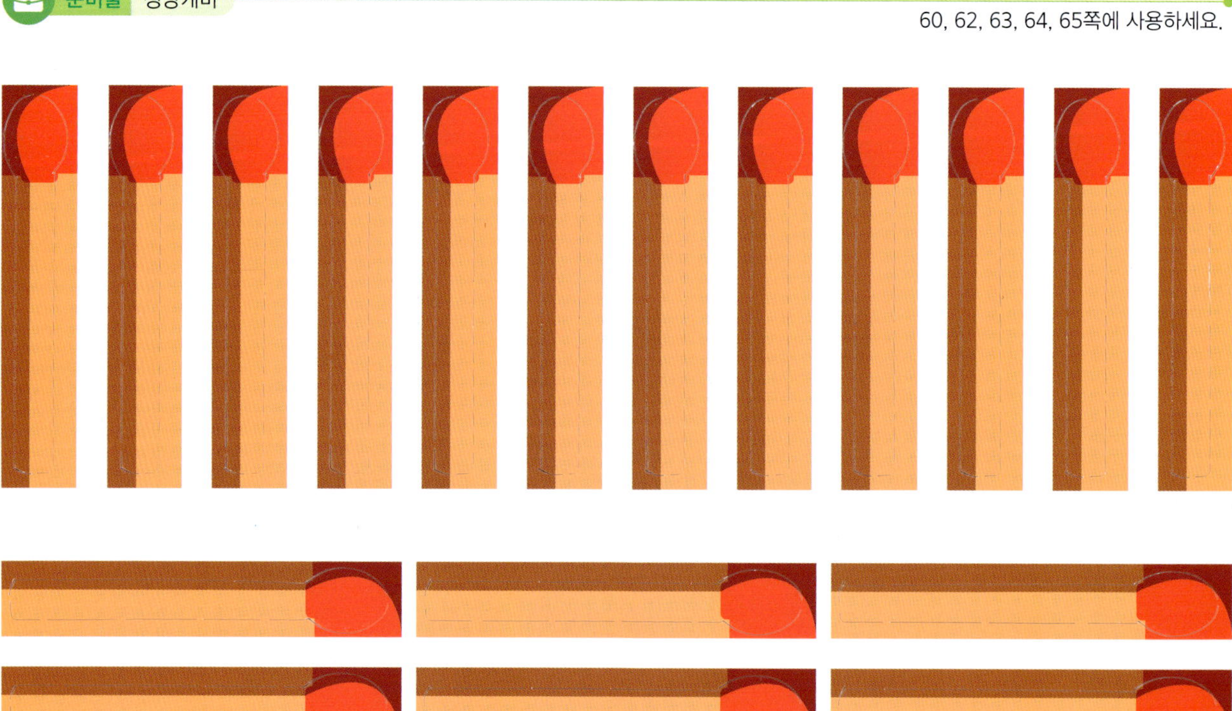